JN064110

金沢競馬場移転50周年記念

金沢競馬 わくわくブック

KANAZAWA Horse Park WAKUWAKU Book

移転50周年の金沢競馬にキタアアアア！

どうもぉ、競馬大好きユーチューバー、金沢競馬ワクワクPR隊の隊員ナンバー1のショコ壱番屋です！
金沢競馬には何度もお邪魔していますが、来るたびにワクワクしちゃう金沢競馬は、私にとって特別な競馬場です。何しろ「祝！金沢競馬×ショコ壱番屋コラボ記念」という初の冠レースでは見事的中！ さらになんと、重賞レースで公式パドック解説、石川ダービー特番スペシャル生配信もやっちゃいました！
2023年、金沢市八田町の現在地に移転して50周年を迎えた金沢競馬。50周年を記念して「金沢競馬わくわくブック」を発刊します。それではショコ壱番屋が金沢競馬の魅力をたっぷりナビゲートさせていただきます！

Contents

2 移転50周年の金沢競馬！ ショコ壱番屋さん

6 場内のご案内

10 「ウマ娘」コラボイベントに4000人超！

15 ショコ壱番屋が教えちゃう 金沢競馬10のヒ・ミ・ツ

16 1 金沢競馬って何があるの？

18 2 地方競馬は中央競馬とどう違う？

20 3 ダートってどんな馬場？

22 4 コースは長いの短いの？

24 5 所属している馬はどこにいるの？

26 6 どんな騎手が乗っているの？

28 「金沢競馬の顔」吉原寛人の強さの秘密に迫る！

30 7 レジェンドな馬はどんな成績？

32 金沢競馬を彩ったレジェンド馬たち

34 8 賞金はどれくらい？

36 ショコ壱番屋が石川ダービーを大予想！

38 9 自慢できるものは何？

40 10 GIレースって開催されますか？

44 金沢競馬グルメ

53 ハッピーくんの密着取材 金沢競馬場を盛り上げる人たち

54 騎手の日常に密着してみました！ 青柳正義 騎手

58 調教師の裏側を覗いてみました！ 佐藤茂 調教師

62 金沢競馬は競馬文化を伝える拠点に 角居勝彦さん（珠洲ホースパーク）

66 活躍中の騎手・調教師

68 インタビュー 金沢競馬50年を彩る人たち

73 「すべては馬のために」 金沢大学馬術部

74 親子三代で馬主、観戦は寿司店で 寺西正彰さん（石川県馬主協会会長）

76 金沢競馬の歩みとデータ

80 ビギナーのための競馬学校

86 馬券の買い方「軸馬」を決めよう

90 アクセス

本馬場

ポニー乗馬

ハッピーくんふわふわ

芝生広場入口

ファンサービス館

外向前売発売所

バス停

予想専門紙販売所

入場門

キッズルーム

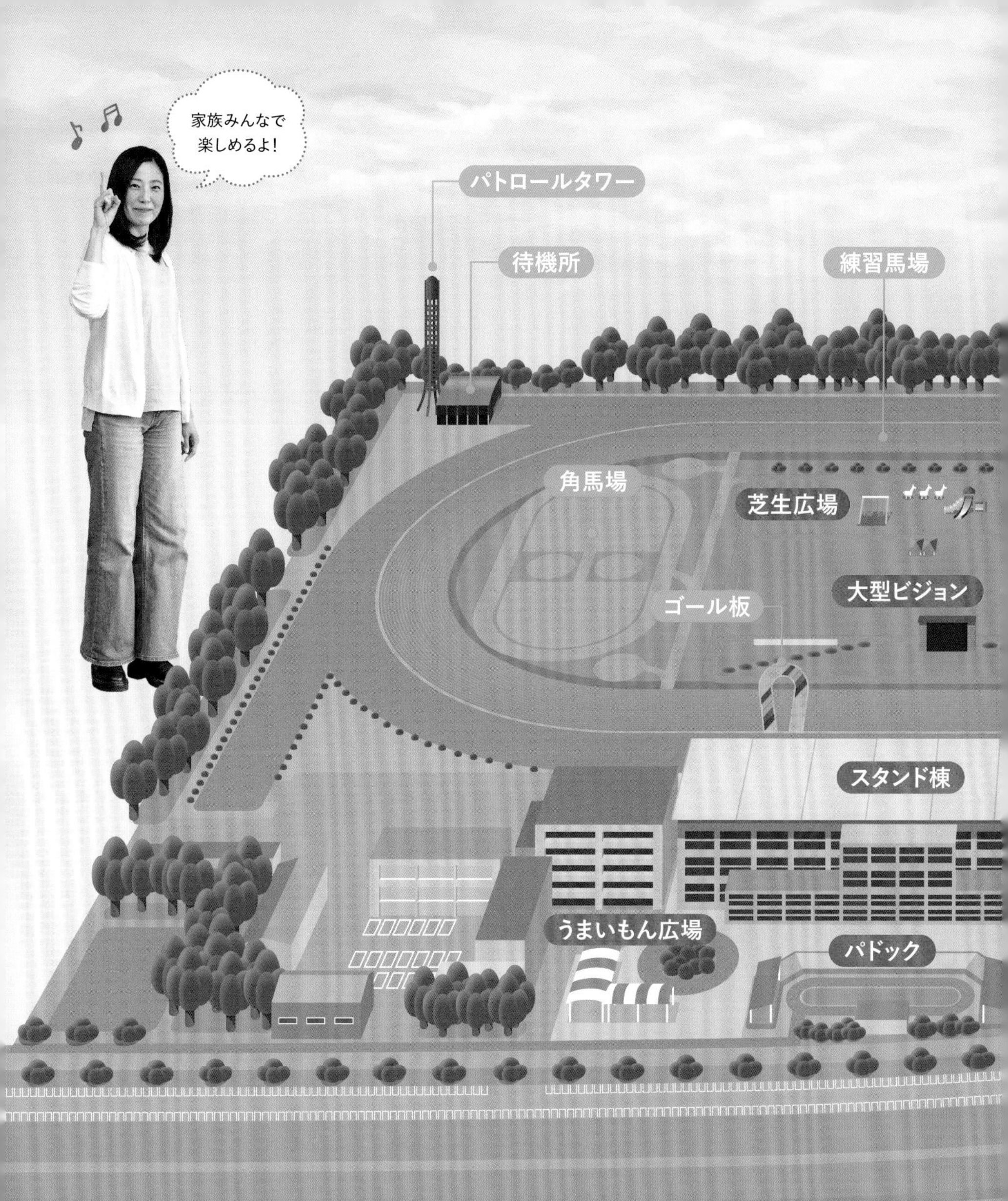
家族みんなで
楽しめるよ！
パトロールタワー
待機所
練習馬場
角馬場
芝生広場
大型ビジョン
ゴール板
スタンド棟
うまいもん広場
パドック
河北潟

金沢競馬場へようこそ
KANAZAWA Horse Park
金沢競馬場
Uma Musume collaboration event
「ウマ娘」コラボイベントに4000人超!

Tappuri

特製コースター付き
限定ドリンク

サイゲームスが展開するクロスメディアコンテンツ『ウマ娘 プリティーダービー』とコラボしたイベントが2023年7月30日、金沢競馬で実施され、全国各地から熱心なファン4054人が詰めかけました。

ウマ娘とのコラボイベントは2022年11月に続いて2回目。この日は先着入場者2500人にオリジナル下敷きが配布されるとあって、午前10時30分の開門前から約1000人のファンが長蛇の列を作りました。

場内にはウマ娘に登場するキャラクターの等身大パネルが並べられ、特製コースターがプレゼントされる限定ドリンクやウマ娘の公式グッズを買い求めるファンでにぎわいました。

第5R、第8R終了後には、ゴールドシチー役の声優を務める香坂さきさんによるトークショーがスタンド前ステージで行われました。「アタシのことお人形扱いしたら許さないから。見た目じゃなくて、走りで判断してよね」とゴールドシチーの声を披露してステージ上に立った香坂さんは、金沢競馬場について「砂浜のようなダートがきれいで、個性的な馬が多い競馬場。移転50周年の年に

皆さんと会えてうれしい」と声を弾ませていました。

ウマ娘との連携事業記念レースとして、第7Rに「ウマ娘×金沢競馬　今年もコラボ記念」、第10Rに「やっと会えたね！シチー来場記念」が開催されました。

ショコ壱番屋が教えちゃう

金沢競馬10のヒ・ミ・ツ

10 secrets
Kanazawa Horse Park

金沢競馬の
ヒ・ミ・ツ
1

金沢競馬って何があるの?
地方競馬らしい魅力が満載!

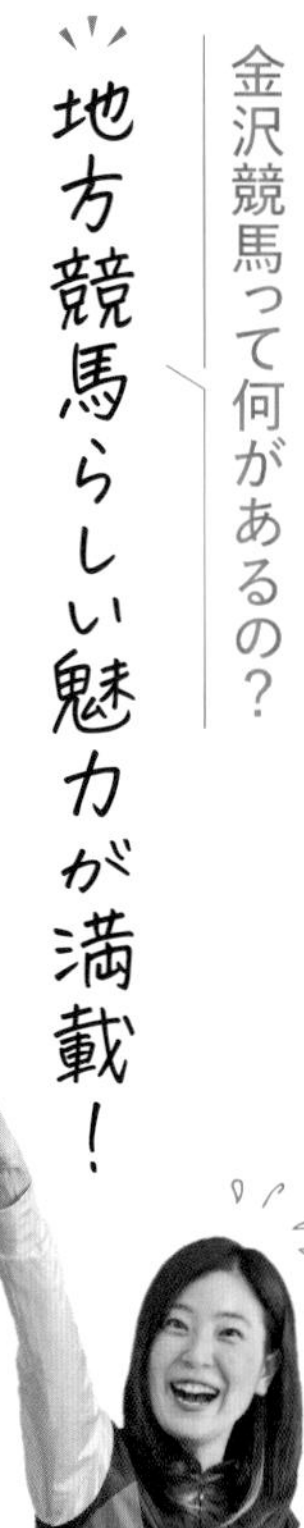

石川県金沢市にある金沢競馬場は日本海側唯一の地方競馬場です。

スタンドからは白山連峰、パドック側に河北潟を望む豊かな自然環境。三方を囲んだ杉や松の木立は高く、その眺望と空気感は他の競馬場では味わえません!

自然豊かなロケーションなのに、実は金沢駅から無料バスで約20分、金沢の繁華街にも近く、馬券を的中させた後は殿様気分で加賀百万石の城下町・金沢や加賀温泉、能登めぐりを楽しむのもオツでございます。2024年3月16日には、北陸新幹線が石川県内全線開業し、金沢競馬旅打ちの魅力がますます高まりますね!

1万5千人を収容する観覧スタンドの3階には競馬場では珍しいお座敷タイプの畳席もあって、仲間とワイワイ飲んだり食べたりしながら

レース観戦するのにもオススメです。
　パドックを歩く馬を見て馬券を買う私には、スタンド1階からすぐにパドックに行けるところもうれしいポイント。地方競馬らしいノスタルジック感にあふれたパドックは、馬がたてがみの一本一本まで見えちゃうくらい近くを周回しているので、馬をしっかり見てから馬券を買いたい目利きタイプの人にはサイコーの環境ですよ！　もっとも、オトメ(自称)の私は推しの騎手さんが現れると恥ずかしくなって、うつむいてしまうことも多いんですけど(汗)
　「走る芸術品」といわれる体重400〜500kgのサラブレッドが平均時速約60kmのスピードで疾走するレースはまさに圧巻。競馬ファンはもちろん、まだ競馬を生で見たことがない人はぜひ金沢競馬場で観戦してみてください！　ワクワクすること間違いなし！

地方競馬は中央競馬とどう違う？

ビギナーにもオススメな仕組み

日本の競馬には、「中央競馬」と「地方競馬」があるってご存知でした？ 基本的なルールや競走方法はほとんど変わりませんが、中央競馬と地方競馬には細かな違いがあるんですよ。中央競馬は「日本中央競馬会」（JRA）、地方競馬は各競馬場がある地方自治体などが主催し、金沢競馬は石川県と金沢市が主催しています。中央競馬の競馬場は全国に10カ所あり、レースは原則毎週土・日に開催。一方、全国に15カ所ある地方競馬は平日に開催することが多いですが、金沢競馬は主に日曜・火曜日に開催しています。

競馬は中央競馬でも地方競馬でも、できるだけ能力の近い馬同士が競うように、成績によってクラスと呼ばれる階級に分けられます。中央競馬は1勝するごとに「1勝クラス」「2勝クラス」「3勝クラス」と上がり、3勝クラスを突破すると「オープン馬」と呼ばれる一流馬の仲間入り。クラスの頂点に最も格が高いレース「GI」があるシステムです。

一方、地方競馬は各競馬場によって異なりますが、金沢競馬を含めて、レースで獲得した賞金を基準にクラス分けを行っていると覚えておくと良いでしょう。金沢競馬は出走する頭数が少ないレースもあるので、競馬初心者に最適です！

ちなみに1970年代から1980年代にかけて競馬ブームの火付け役となったハイセイコーとオグリキャップは、ともに地方競馬から中央競馬に移籍して大活躍した日本競馬史に残る名馬！ 日本からメジャーリーグへ渡った大谷翔平さんみたいな存在でした（ちょっと違うか）。

このほか、騎手が着る勝負服にも違いがあるんですよ。中央競馬では馬主ごとに勝負服が決められているのに対し、地方競馬ではおおむね騎手ごとに勝負服が決まっています。遠くからでもどの騎手が何番手を走っているのかがすぐに分かるので、よりレースを楽しむことができます。まずはどの騎手がどんな勝負服なのかを覚えましょう！

そうそう、金沢競馬の総合案内所には私がプレゼントした「金沢競馬場移転50周年ver」の勝負服が飾ってあるので、ご来場の際はぜひ見てくださいね！

総合案内所に展示中のショコ壱番屋さんの勝負服

ダートってどんな馬場？

競馬場のコースには、「芝」と「ダート（砂）」の2種類があります。中央競馬は芝コースとダートコースを完備していますが、地方競馬のほとんどがダートコースのみの設定です。

「芝とダートではどんな違いがあるの？」と思ったそこのアナタ、そりゃもう大違いなんです。ダートコースでは芝コースほどスピードが出ず、パワーとスタミナが要求されます。たとえば芝コースとダートコースを「舗装された道路」と「舗装されていない山道」と考えてください。前者を走るならスピード重視のスポーツカーが有利でしょうけど、後者を走るならパワーが持ち味のSUVが絶対有利になるでしょ？

天候によっても、馬場コンディションは変わります。芝では天候が良く、乾いた良馬場ならタイムが速くなる一方、ダートでは雨が降って水が浮

くぐらいの馬場になると「脚抜きが良い」と表現され、速いタイムが出やすくなります。競馬はそれぞれのコースやコンディションの適性の高さで勝負が決まることが多いスポーツなんですね。

もちろん、一口にダートコースと言っても砂の性質によって大きく異なります。金沢競馬では2021年、それまで使っていた富山県・神通川の黒い川砂から愛知県瀬戸市の白っぽい山砂に改修されました。神通川の砂の時は、レース中に飛んできた砂というか小石が騎手を直撃し、「金沢競馬は日本一痛い競馬場」と騎手の間で言われていたんですって！

金沢競馬は伝統的に「逃げ切り」が特徴的な競馬場でしたが、馬場の砂を入れ替えることで「差し」も決まるようになり、馬券的な面白さもぐんと上がったんです。

金沢競馬の
ヒ・ミ・ツ
4

コースは長いの短いの？
金沢競馬は多彩なバリエーション！

金沢競馬のコースは1周1200m右回りで、直線が236m。最大出走は12頭です。高低差はなく、他の地方競馬と比較しても標準的な大きさ。直線距離が比較的短いことも、「逃げ切り有利」の理由の一つでした。「地方競馬は小回りなのでレースのバリエーションが少ない」というイメージを持つ人がいるかもしれませんが、金沢競馬では4つのコーナーすべてにポケットが設けれており、4コーナーすべてからスタートできるのが特徴です。

そのため、900m・1300m・1400m・1500m・1700m・1900m・2000m・2100m・2300m・2600mと短距離から中距離、長距離まで多彩なレースが可能です。なかでも1400m・1500mのレースが多く、2600mは大井競馬場と並んで地方競馬のダート最長距離です。

ゲーム「ウマ娘」ではウマ娘が得意とする距離によって育成難度が異なりますが、リアルの競馬でも「短距離は得意だけど中・長距離は苦手」、逆

得意な距離といった要素も予想する上で重要なんですよ。

に「短距離は苦手だけど、中・長距離は得意」という馬がいて、得意な距離はどのあたりかといった要素も予想する上で重要なんですよ。

2023年には22基の走路照明設備が完備され、年間を通じて日没後のレースが可能となりました。同年秋からは照明を活用した薄暮レースも開催されています。

■コース平面図

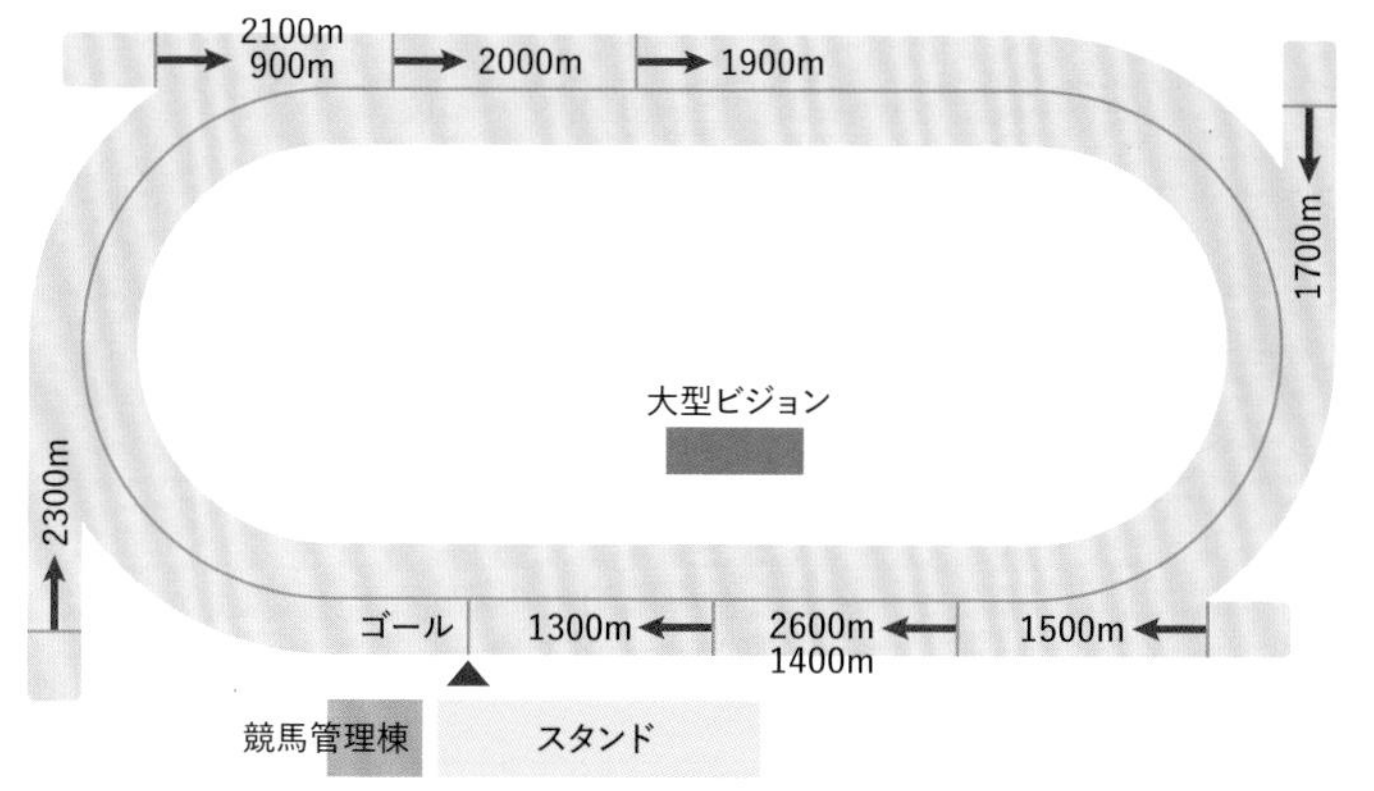

所属している馬はどこにいるの？

競馬場の隣で集団生活

競走馬が暮らすおウチは厩舎（きゅうしゃ）といいます。中央競馬では、競馬場とは別の場所にトレーニングセンターが設けられ、そのトレーニングセンター内に厩舎が設置されています。その点、厩舎が競馬場に併設されているのも地方競馬ならではの魅力。金沢競馬でレースを終えた馬たちが厩舎に帰る後ろ姿はなんだかノスタルジックで、私のお気に入りの風景の一つなんですよ。

地方競馬全国協会（NAR）の公式サイトによると、2023年4月1日現在、地方競馬に登録されている競走馬はサラブレッド系1万1492頭。中央競馬は8000頭台なので、地方競馬には約1・4倍の馬が所属していることになります。

金沢競馬の登録馬はそのうち、約550頭です。馬房がある厩舎エリアには宿舎197戸とアパート30戸もあり、現在、106人（2023年

8月1日時点）の厩務員のうち家族を含む74人が居住しています。馬房や宿舎を併設するそれまでの厩舎の大半は、金沢競馬が現在地に移転開業した1973年に建てられたものので、老朽化が進んでいます。

そこで、この厩舎の一部建て替え工事が2022年に始まりました。新たに完成した厩舎は木造で、中央の棟を挟んで両側に12馬房ずつ24馬房を備えています。今後、46棟の厩舎を少しずつ改修していくのだそう。馬はもちろん、騎手や調教師、厩務員の人たちがより快適な環境で過ごせるようになるといいですね！

ちなみに金沢競馬の2022年シーズンでは、厩務員の田中奈緒子さんの担当する競走馬が計32勝を挙げ、女性厩務員で初めて年間最多勝利に輝きました。106人の厩務員のうち、女性が23人（2023年8月1日時点）を占めています。女性騎手の躍進が話題の競馬界ですが、田中さんのような女性厩務員の活躍にも注目ですよ！

金沢競馬のヒ・ミ・ツ

6

どんな騎手が乗っているの？
イケメン騎手に注目せよ！

パドックは、ファンが出走馬の下見をしてレース当日のコンディションを見極める場所です。私はパドックで馬のヤル気、ショコ壱番屋流に言わせてもらえば「パドックオーラ」を感じることが競馬に勝つ近道だと信じています。

とはいえ、実をいうとパドックでは、イケメン騎手の「パドックオーラ」についつい幻惑されてしまうこともしばしば。騎手はレースの時、ヘルメットを被ってゴーグルをかけていることが多く、お顔が分かりにくいこともあるけれど、金沢競馬に所属する21人の騎手はイケメンぞろい！ 出走馬を観察しているはずが、いつしか騎手に目を奪われていることも多いショコ壱番屋です。

金沢競馬の
騎手のみなさんは
イケメンぞろい！

もちろん、お顔だけでなく、競馬では騎手の手腕が勝敗を左右することがたびたびあるので、その技量にも注目です。地方競馬の騎手になるには、地方競馬全国協会が実施する騎手免許試験に合格する必要が

あります。地方競馬全国協会では、栃木県にある地方競馬教養センターで騎手の育成を行っていて、現在、地方競馬で活躍している騎手のほとんどが同センターの騎手課程を修了しています。

金沢競馬の騎手は20年前に比べると、10人ほど減少したそうですが、言い換えるなら、一人あたりレースに出るチャンスが増えたということ。22年ぶりに地元出身騎手としてデビューした加藤翔馬さんのように新人でもどんどん乗ることで、騎手は腕を磨くことができるんです！

「金沢競馬の顔」吉原寛人の強さの秘密に迫る！

日本全国はおろか、世界を股にかけて活躍する「金沢競馬の顔」吉原寛人騎手。金沢競馬では今季、連対率が約6割（8月現在）と圧倒的な強さを誇っています。ショコ壱番屋が吉原騎手にインタビューさせて頂きました。

―ズバリ、吉原騎手の強さの秘密って何でしょう？

吉原● デビューしてから、たくさん乗せてもらったことかな。1年目で中央競馬（JRA）に行ったり、オーストラリアやドバイに行かせてもらったり。いろんな経験をさせてもらったことで、いまの自分があると思います。

―競馬学校（地方競馬教養センター）時代からスゴかったんですか？

吉原● 僕は乗馬経験が皆無だったから、基本馬術の成績はビリに近かったですよ（笑）でも、競走馬術ではトップになりました。基本馬術の時に馬が言うことを聞いてくれなくて、馬の気持ちを知ろうと必死になり、馬と会話できるようになったことが大きかったんです。

―2001年にデビューしてデビュー年度100勝は金沢競馬初。2006年から6年連続リーディングジョッキー賞。

吉原● その頃はわけも分からず、勝っていました。勝ちパターンは、どんな馬に騎乗しても、最初3、4番手につけて4コーナーが来たら行くぞ、という一個だけ。駆け引きなんて何もなかったんです（笑） それが南関東に遠征に行くようになって、いろいろ経験を積み、引き出しが増えた。

2021年のJBCクラシックで吉原騎手がミューチャリーに乗って勝利

——2013年のJBCでは涙を飲みましたよね。

吉原●あの年は、JBC3レースすべて乗れたことだけで成功でした。でも2021年のJBCでは「ここで勝てないようじゃ、この8年、僕は何をしていたんだ?」という気持ちで乗りました。

——吉原さんが騎乗した地方所属馬がJBCクラシックで初めて勝利しました。ところで2023年に騎乗して、百万石賞などを制したハクサンアマゾネスは、吉原さんにとってどんな馬なんですか?

吉原●僕が新人の年に騎乗してJRAで勝ったトゥインチアズという馬がいるんですよ。でも、僕が未熟で勝たなければならないレースを取りこぼすなど、苦い思い出が一杯あります。その反省を生かしたのがハクサンアマゾネス。この馬は僕が持っているすべてを集中させた、ある意味、僕の集大成なんです。

——吉原騎手がいま目指すのは?

吉原●地方競馬の全場重賞制覇まで、残すは姫路だけ。地方重賞も通算146勝(令和5年9月末現在)で、現役騎手の最多記録まであと少し。僕の年齢なら、200勝まで行けるんじゃないかと思っています。

——もはや異次元の強さ! 金沢競馬ファンの皆さん、ゾーンに入っている吉原騎手を見る、いまが絶好のチャンスですよ!

地方所属馬で初めてJBCクラシックを制した吉原騎手

吉原 寛人 Hiroto Yoshihara

所属調教師■加藤和義/生年月日■1983(昭和58)年10月26日/出身地■滋賀県
血液型・星座■O型・さそり座/初騎乗年月日・騎乗馬■2001(平成13)年4月7日・コーワゴールド/好きな戦法■好位差し

金沢競馬の
ヒ・ミ・ツ
7

レジェンドな馬はどんな成績?

歴史に名を刻むハクサンアマゾネス!

金沢競馬には近年もっとも活躍し、「金沢の女王」と称されるハクサンアマゾネスがいます。

2023年4月の重賞・金沢競馬移転50周年記念で優勝、続く5月の重賞・北國新聞社杯利家盃、6月の百万石賞、7月には兵庫県・園田競馬の重賞でも優勝し、重賞V記録を18に伸ばしました。通算31戦21勝、重賞制覇は3歳時から4年連続の快挙となり、金沢競馬の歴史に名を刻むレジェンド馬です。2023年、6歳シーズンを迎える彼女はまさに「金沢の女王」。いよっ、姐御!

いよっ、姐御!

ハクサンアマゾネスに記録を破られるまで重賞13勝を挙げていたのがナムラダイキチです。生涯成績は34戦26勝で、獲得賞金は5547万5千円。2016年に引退すると、金沢競馬所属馬として珍しく種牡馬となりました。

このほか、生涯成績80戦39勝で重賞は2度の「北國王冠」など11勝、獲得賞金7764万4千円のジャングルスマイルも金沢競馬を代表する競

ナムラダイキチ

ハクサンアマゾネス

ジャングルスマイル

走馬です。２０１７年、11歳で引退して、その後は秋田県大仙市の乗馬クラブで余生を過ごしています。

金沢競馬を彩った レジェンド馬たち

ビーファイター

伝説の還暦馬

ビーファイター(牡)

通算成績 ► 119戦9勝
2013年引退

引退時15歳は人間の還暦に相当する当時全国最高齢の現役競走馬

エビスライトオー

獲得賞金1億円超

エビスライトオー(牡)

通算成績 ► 85戦20勝
(金沢競馬70戦19勝)
獲得賞金 ► 1億7千716万円
1999年引退

金沢競馬の一時代を築いた名馬

グリーンジャンボ

最後のアラブ馬

グリーンジャンボ(牡)

通算成績 ►105戦15勝
獲得賞金 ►3千359万3千円
2009年引退

金沢競馬最後のアラブ系競走馬

06、07年度の代表馬

ビッグドン(牡)

通算成績 ►39戦14勝
獲得賞金 ►4千98万5千円
2011年引退

JRAや全国の優秀馬が集まった2006年の白山大賞典では金沢競馬所属馬として当時、歴代最高位の2着に輝いた。

ビッグドン

金沢競馬のヒ・ミ・ツ 8

賞金はどれくらい？
熾烈なレースを生む賞金システム！

中央競馬では大きなレースになると、1着賞金が1億円を超えることも珍しくありません。一方、地方競馬では競馬場や競走の格付けによりその額は変わるものの、中央競馬ほど高くはないんですよ。

金沢競馬の2023年度開催の重賞は23レース。そのうち、最高賞金は、唯一のダートグレード競走である農林水産大臣賞典「白山大賞典」の1着2500万円です。このほか、百万石賞、石川ダービー、北國新聞社杯イヌワシ賞、北國王冠、中日杯が1着700万円。2023年に新設された金沢所属馬限定の2歳戦「ネクストスター」の1着賞金は1000万円となっています。

金沢競馬の2022年度の代表馬と最優秀3歳馬の2冠に輝いたのは、スーパーバンタムです。石川ダービー、西日本ダービー（園田）など重賞5勝を含む8勝を挙げ、獲得賞金は3050万円（2023年7月現在）で、同年8月に引退しました。また、最優秀2歳馬となったショウガ

実施日	競走名	出走資格	距離（m）	1着賞金（千円）
4/9(日)	金沢競馬移転50周年記念	4歳以上	1,900	3,000
4/23(日)	HAB杯 第33回 金沢スプリングカップ	4歳以上	1,500	3,000
5/2(火)	(一社)JBC協会協賛（ホークビル賞） 創刊75周年記念スポーツニッポン杯 第4回 ノトキリシマ賞	3歳・牝馬	1,500	3,000
5/7(日)	北國新聞社杯 第4回 利家盃（百万石賞トライアル）	4歳以上	2,000	3,000
5/14(日)	第31回 北日本新聞杯（石川ダービートライアル）	3歳	1,700	3,000
5/21(日)	北陸・東海チャンピオンシップ2023 第4回 お松の方賞	3歳以上・牝馬※1	1,500	3,000
6/4(日)	(一社)JBC協会協賛（イスラボニータ賞）第66回 百万石賞	3歳以上	2,100	7,000
6/18(日)	スーパースプリントシリーズ2023 中日スポーツ杯 第6回 日本海スプリント	3歳以上※1	900	3,000
6/27(火)	ダービーシリーズ2023 (一社)JBC協会協賛（サリオス賞） 第7回 石川ダービー	3歳	2,000	7,000
7/9(日)	(一社)JBC協会協賛（エポカドーロ賞） 山口シネマ杯 第10回 加賀友禅賞	3歳・牝馬	1,400	3,000
8/8(火)	GRANDAME-JAPAN2023 第41回 読売レディス杯	3歳以上・牝馬※2	1,500	4,000
8/27(日)	北國新聞社杯 第19回 イヌワシ賞【白山大賞典トライアル】	3歳以上※2	2,000	7,000

令和5（2023）年度 重賞競走

タップリは、2022年7月のデビュー以来、無傷で11連勝し、獲得賞金は3790万円(2023年8月現在)です。

金沢競馬では、5着までに入ると賞金を獲得できます。他競馬場からの移籍も多く、面白いレースを見せてくれるヒミツともなっています。

かつて、金沢競馬では1996年、日本競馬界で当時史上最高額の配当記録が生まれています。1着と2着の枠順を順番通りに当てる枠番号二連勝単式(枠連単)馬券でその額なんと、57万7350円。100円が57万円超ですよ、私もいつか夢の大穴馬券を買いたい!

実施日	競走名	出走資格	距離(m)	1着賞金(千円)
8/29(火)	(一社)JBC協会協賛(マスターフェンサー賞)※JRA上級認定 第18回 石川テレビ杯【ネクストスター金沢トライアル】	2歳	1,400	3,000
9/3(日)	3歳秋のチャンピオンシップ 北陸四県畜産協会長賞 第58回 サラブレッド大賞典	3歳	2,000	3,000
9/24(日)	未来優駿2023※JRA重賞級認定 第1回 ネクストスター金沢	2歳	1,400	10,000
9/26(火)	農林水産大臣賞典 第43回 白山大賞典【JpnⅢ】	3歳以上※3	2,100	25,000
10/8(日)	日本トーター杯 第21回 金沢スプリントカップ	3歳以上※2	1,400	4,000
10/15(日)	(一社)JBC協会協賛(フォーウィールドライブ賞) 第67回 MRO金賞	3歳	1,400	4,000
10/22(日)	GRANDAME-JAPAN2023※JRA上級認定 北國新聞社杯 第8回 金沢シンデレラカップ	2歳・牝馬※2	1,500	3,000
11/5(日)	農林水産大臣賞典 第71回 北國王冠	3歳以上※2	2,600	7,000
11/19(日)	北國新聞社杯 第5回 徽軫(ことじ)賞	3歳以上・牝馬※1	1,400	3,000
11/21(火)	(一社)JBC協会協賛(ダノンレジェンド賞)※JRA上級認定 テレビ金沢杯 第26回 金沢ヤングチャンピオン	2歳	1,700	3,000
12/3(日)	第59回 中日杯	3歳以上	2,000	7,000

※1:東海・北陸交流　※2:地方全国交流　※3:中央・地方全国交流

ショコ壱番屋が石川ダービーを大・予・想！

この誌面を利用して、金沢競馬の3歳馬の王者を決める重賞「第7回石川ダービー」で行った予想を披露してみましょう。大本命はデビュー以来9戦全勝の牝馬⑨ショウガタップリ。すでに重賞で4勝を挙げています。騎乗は過去6回の石川ダービーで3勝を挙げている金沢競馬の大看板、吉原寛人騎手です。

私は馬券を買う際、「パドックオーラ」を重視しています。レースに出走する馬をチェックできるパドックで、馬の体つきや歩き方、テンションの高まり具合を確認します。調子の悪そうな馬はなんとなく分かりますが、問題は調子の良さそうな馬が何頭もいることなんですよ！

この日のショウガタップリはパドックでテンション高めでしたが、そこは吉原騎手がなんとかしてくれるでしょう。

金沢競馬は「牝馬の時代」

そのほか、私がパドックオーラを感じたのは、前走1着の牡馬⑫ノブノビスケッツ（青柳正義騎乗）、ショウガタップリと好勝負を演じたことがある牝馬⑦スカイピース（吉村智洋騎乗）でしょうか。

もう一頭、注目は⑪クリスタルミリオン（堀場裕充騎乗）。小柄な体つきの牝馬で、応援したくなっちゃいました。いま、金沢競馬はショウガタップリはじめ、女王ハクサンアマゾネスと「牝馬の時代」を迎えているので、なおさら注目です。

こうして私の買い目は3連単⑨—

後続馬を突き放すショウガタップリ

6月27日に開催された「石川ダービー」ではゲストにタレントのさとう珠緒さん、競馬予想士の田倉の予想さんを迎えて「金沢競馬場移転50周年特別企画 石川ダービー特番」が金沢競馬公式YouTubeで生配信された。

⑦⑫−②⑦⑪⑫を各1000円で6000円に決定！大本命ショウガタップリに敬意を払いつつ、2列目にしぶとく粘ってくれそうなスカイピースとパドックの調子が良さそうなノブノビスケッツを置き、3列目を②⑦⑪⑫で流しました。

「たられば」も醍醐味

レース結果はショウガタップリが4馬身差をつけて1着、2着はノーマークだった④ダイヤモンドライン（中島龍也騎乗）、3着がノブノビスケッツでした。ダイヤモンドラインもまた、牝馬！　競馬の格言に「夏は牝馬」があります。スカイピースやクリスタルミリオンだけでなく、ダイヤモンドラインも押さえていたら…「たられば」も競馬の醍醐味なのです（と負け惜しみ・泣）！

払戻金

7350円

レース結果

⑨−④−⑫

ショコ壱番屋の予想

3連単
⑨−⑦⑫−②⑦⑪⑫
各1000円で6000円

「第7回石川ダービー」を制したショウガタップリ

金沢競馬の
ヒ・ミ・ツ
9

自慢できるものは何？
競馬ファンは馬券だけで生きるにあらず

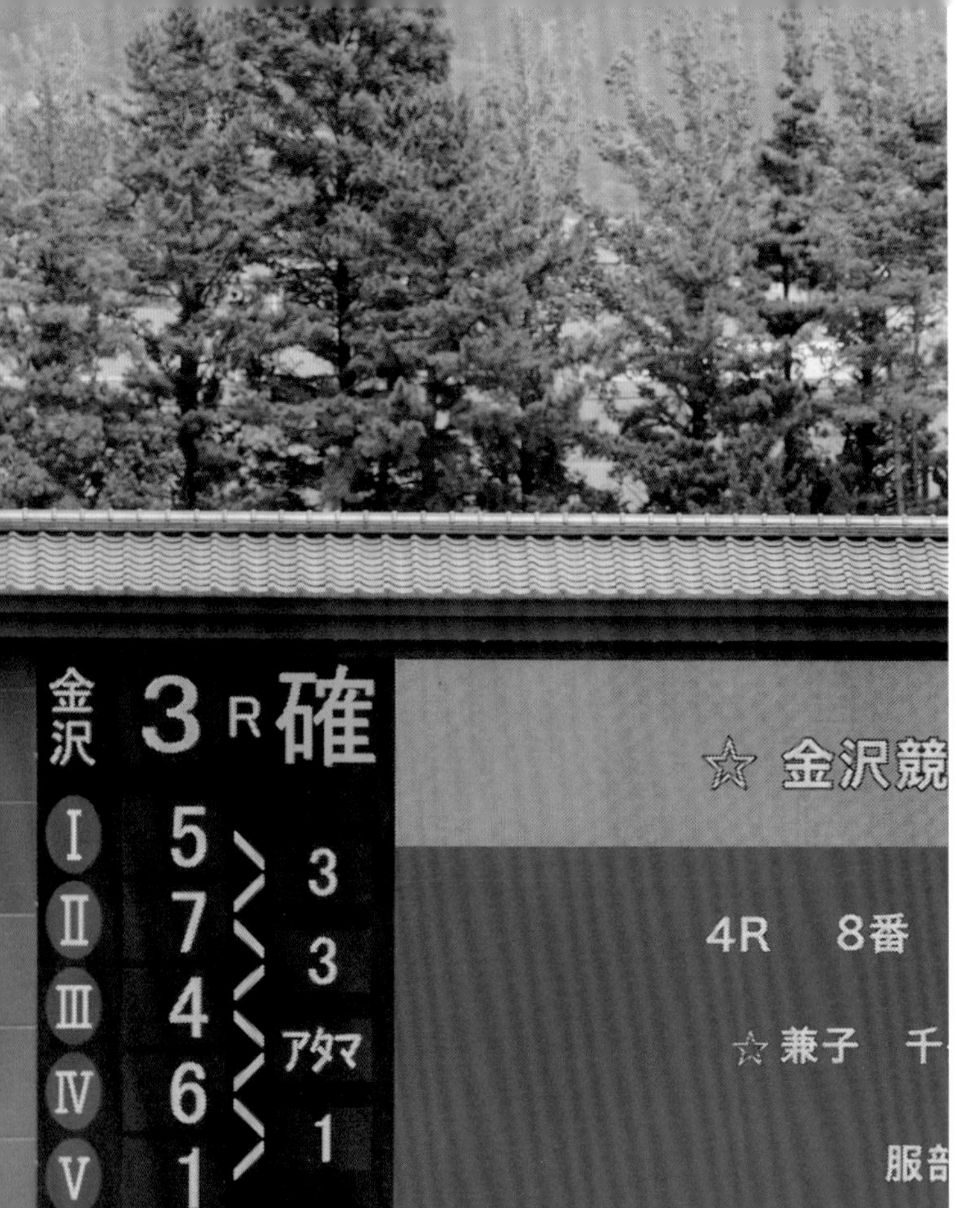

金沢は、江戸時代に城下町として栄えた町で、今でも古い街並みが多く残っています。そんな「加賀百万石の競馬場」にふさわしく、金沢競馬の大型ビジョンは、屋根瓦をイメージしたデザインになっています。

そして、金沢競馬と言えば、地方競馬ファンの間でよく知られているのがグルメです。「金沢競馬に来たら、まずはお寿司！」という人も多いのではないでしょうか？ 本格的なお寿司を手ごろな価格で食べられるのは金沢競馬ならでは。場内には2軒のお寿司屋さんがあって、カウンター席でお寿司を食べながら予想して、馬券を買った後はお店のモニターでレース観戦なんて、これはもう金沢競馬でしか味わえない醍醐味ですよ！

お寿司以外にも、軽食堂街「うまいもん広場」やスタンド棟には、うど

んやラーメン、金沢おでん、お好み焼きにたこ焼き、定食・丼物、カフェといったさまざまなジャンルの安くておいしいお店があって、どれを食べようか、迷い過ぎて困ってしまうほど。しかも、お店の人も競馬好きが多く、グルメとレース談義が楽しめちゃう。競馬ファンは馬券だけで生きるにあらず、それを実感させてくれるのが金沢競馬です。

馬場内の芝生広場ではポニーの無料乗馬体験ができます。本場開催の日曜・祝日に行われ、晴れた日は、行列ができるほど大人気。小学3年生まで無料で乗馬できます。入場門すぐ横には金沢競馬場のマスコットキャラクター「ハッピーくん」の形をしたふわふわ遊具もあります（ふわふわは日・祝日のみ）。中に入ってトランポリンみたいに飛んだり跳ねたりして遊べるのでキッズたちが大喜び。キッズルームもあります。おいしいお寿司やカレーにから揚げなどのグルメが食べられ、周辺に豊かな自然がある金沢競馬場は、ファミリーにも楽しいスポットなのです！

GIレースって開催されますか？

金沢競馬騎手がJpnI初勝利！

競馬のレースのなかで、最高の格付けとなるのがGIです。GIレースの中で皐月賞、日本ダービー、菊花賞、桜花賞、オークスは「3歳クラシックレース」と呼ばれ、これに天皇賞（春）、天皇賞（秋）、有馬記念を合わせたレースを8大競走と呼びます。競馬ファンでなくてもニュースを通して聞いたことがあるメジャーなレースではないでしょうか？

地方競馬ではGIに相当するJpnIレースを実施し、「ダート競馬の祭典」と呼ばれる地方競馬最大のレース「ジャパン・ブリーディングファームズ・カップ（JBC）」は、地方競馬では史上最高額の1着賞金1億円の重賞として2001年にスタートしました。

全国の地方競馬場で持ち回り開催となり、金沢競馬で初めて開催されたのは2013年11月4日のことです。金沢ではダート1400mのJ

ＢＣスプリント、ダート２１００ｍのＪＢＣクラシック、ダート１５００ｍのレディスクラシック（牝馬限定）のＪｐｎⅠクラス重賞３レースが１日のうちに実施されました。中央競馬の馬も出走し、武豊さんや福永祐一さんらトップジョッキーも手綱を握りました。この日、金沢競馬には１万２５６９人が訪れ、同日の売得額（売上高）は約25億円と、前年度１年間の売り上げの約２割をたった１日で叩き出したのです。

さらに２０２１年11月３日には２度目の金沢開催、１日の売得額（売上高）は約54億６４２６万５００円に上り、金沢競馬の最高額を更新しました。この日のＪＢＣクラシック（１着賞金８千万円）では、吉原寛人騎手騎乗のミューチャリー（船橋所属）が１着となり、地方競馬所属馬として史上初の栄冠、さらに吉原騎手のＧⅠ級勝利は、２０１９年のマイルチャンピオンシップ南部杯（ＪｐｎⅠ）と全日本２歳優駿（ＪｐｎⅠ）に続いて、ＪＢＣクラシックで３勝目になりました。拍手パチパチ！

馬券を買うだけが競馬場じゃない！
ウマい金沢競馬を味わい尽くせ！

「おまかせ握り」（店内・テイクアウト）1000円。
職人の矜持を一貫に込める大将も馬主。

金澤玉寿司

半世紀以上愛される老舗の本格すし店

金沢競馬場の移転前から、半世紀以上にわたって愛されてきた金澤玉寿司。総本店は金沢の繁華街・片町にある金沢すしの老舗有名店。そんな本格すしを味わおうと全国から競馬ファンが訪れる。入場門に最も近い店で、入場後すぐに直行するファンも少なくない。「おまかせ握り」（9貫）1000円（テイクアウト可）、「トロ」（3貫）500円などお手頃価格。

おすすめMENU

トロ3貫 500円
単品1皿 250円～
にぎり詰折 650円

●にぎり寿司等

営業日 ▶ 本場開催日
場所 ▶ 場内広場

うちの仔カフェ

ビギナーも女性も子どもも気軽に入店できるカフェ

競馬好きな女性店主が地元馬にエールを送る気持ちを店名に込めた「うちの仔カフェ」は、金沢競馬グルメの中でもひときわ女性とファミリー客が多い。人気の秘密は子どもでも食べやすい「カレーライス」(400円)や自家製プリン(200円)、その日の朝に焼いた自家製パン(100円)など充実したカフェメニュー。競馬ビギナーも気軽に立ち寄れる店だ。

●コーヒー、サンドイッチ
営業日 ▶本場開催日
場所 ▶うまいもん広場

「ウマ娘」で競馬ファンになった若い女性たちにも人気「目玉焼き付きカレー」400円。

おすすめMENU

サンドイッチ 200円
自家製プリン 200円
オムライス〈火のみ〉(テイクアウト) 200円

どれも自慢の一品! 絶品ですよ♪

うちの仔カフェの店主がお世話している花壇

たこ勝（かつ）

旨さと安さ、ボリューム自慢
女性・ファミリーの心つかむ

赤ちょうちんが目印の粉もんグルメが堪能できる店。人気ナンバーワンは自家製麺を使った焼きそば＋お好み焼きハーフがセットになった「ペア」500円。一杯飲みたい人には、焼きそば＋ビールの「おすすめセット」700円。どちらもボリューム満点で、単品で頼むよりお得になっている。テイクアウト中心なので女性客やファミリー客も利用しやすい。

●たこ焼・お好み焼等
営業日▶本場開催日
場所▶うまいもん広場

おすすめMENU

焼きそば＋ビール
「おすすめセット」700円
焼きそば 350円
たこ焼 300円

単品で注文するよりお得な焼きそば＋お好み焼きハーフがセットになった「ペア」500円。

ふらいぱん

金沢競馬唯一の「金沢カレー」
料理も酒も充実の「せんべろ」

金沢競馬で唯一、ご当地カレー「金沢カレー」（600円）が食べられる「ふらいぱん」。揚げたて特大カツが載った「金沢勝つカレー」（850円）で必勝を期すもよし。甘辛いタレとホルモンがたっぷり入った「ホルモンうどん」（650円）も人気メニュー。串焼きやアルコールメニューも豊富で、立ち飲み感覚で「せんべろ」できる。テイクアウトにも対応。

おすすめMENU

金沢勝つカレー 850円
ホルモンうどん 650円

全国的にも名高い金沢カレー王道の味を極めた「金沢カレー」600円が競馬場で味わえる。

●ホルモンうどん等
営業日▶本場開催日
場所▶うまいもん広場

宇ノ気（うのけ）玉寿司

一口食べれば違いが分かる本格すしの粋な手仕事

店主イチオシは「おまかせ8貫」（1230円）（テイクアウト1200円）。定置網や底引網漁で金沢港に水揚げされた新鮮な魚介を、せりにかけられる前に漁師から直接仕入れ、店主が一貫一貫心を込めて握る本格すし店。漁師直結だからこそ実現した味と価格、能登まぐろなど地元でしか食べられないネタを味わうためだけに遠く県外から訪れる食通も多い。

●にぎり寿司等
営業日▶本場開催日
場所▶うまいもん広場

おすすめMENU

盛り合わせ 1020円
（テイクアウト1000円）
太巻 510円
（テイクアウト500円）

おすすめは「おまかせ8貫」1230円
（テイクアウト1200円）

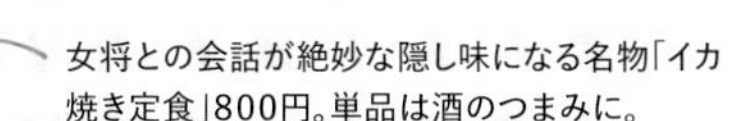
女将との会話が絶妙な隠し味になる名物「イカ焼き定食」800円。単品は酒のつまみに。

おすすめMENU

チャーシューめん 800円
焼きめし 600円
焼きイカ（単品） 600円

軽食今村

厳しい目利きで仕入れ名物イカ焼きに舌鼓

名物「イカ焼き定食」（800円）は、「競馬はしないけれど、このイカ焼きだけを食べるために金沢競馬に来る」という常連客がいるほど。イカは女将が中央卸売市場に足を運んで仕入れている。自家製チャーシューを使ったチャーシューメン（800円）も絶品。女将との楽しい会話目当ての常連客も少なくない。

●ラーメン・焼きそば等
営業日▶本場開催日
場所▶うまいもん広場

千鳥（ちどり）

日替わりおつまみがうれしい昔懐かし正統派ラーメン店

「千鳥」のイチ推しは、昔ながらの正統派中華そば「らーめん」650円。麺とスープがよく絡み、あっさり系が好みの人は病みつきになる味だ。この店の常連たちは、日替わりのつまみとお酒を楽しんで、ラーメンで〆るのが定番。日替りのおつまみは200円からとリーズナブル。チャーシューめんやみそらーめんも人気で、何度行っても飽きずに楽しめる。

●ラーメン各種
営業日 ▶ 本場開催日・場外開催日
場所 ▶ うまいもん広場

おすすめMENU

チャーシューめん 800円
みそらーめん 700円
日替わりおつまみ 200円〜

麺とスープが絡み合った昔ながらの、これぞ中華そば「らーめん」650円。

「ハラミ丼」880円はじめ、「壺漬けカルビ」など焼肉専門店並みのメニューをそろえる。

みつを食堂

焼肉専門店の味とメニューをリーズナブルな価格で満喫！

業務用焼肉たれを製造販売する「イワモト」が運営する「みつを食堂」。その店名は、同社の社長がかつて馬主を務めた父の名にちなんだもの。人気のハラミ丼（880円）や日替わり丼、自家製キムチなど、焼肉専門店並みの味とメニューを提供している。かつて場内にあった「世界館」の味を引き継ぐ「カレーライス」（500円）はオールドファンから高い支持。

おすすめMENU

カルビ丼 880円
ハラミ弁当 920円
世界館のカレー 500円

●焼肉
営業日 ▶ 本場開催日
場所 ▶ うまいもん広場

馬笑屋（ばしょうや）

味とボリューム、コスパの高さ三拍子そろって、お酒も充実

「タルタルからあげ丼」「タルタルチキンフライ丼」（６００円）は味とボリュームを両立させ、コスパも高い看板メニュー。しっとりやわらかな「ジャンボチキンフライ」（３００円）も金沢競馬名物。全国の醸造所を旅したという店主の好みを反映してウイスキーと焼酎はマニアックな品ぞろえ。アルコールを注文するとサービスで枝豆がつく心遣いも憎い。

●ジャンボチキンフライ等
営業日▶本場開催日
場所▶うまいもん広場

おすすめMENU

タルタルチキンフライ丼 600円
ジャンボチキンフライ 300円
もも唐揚げ 1個100円

あまりの美味しさにカロリーが気にならなくなる「タルタルからあげ丼」600円。

大きなエビ天が乗った「天玉うどん」670円。金沢らしい甘めのダシがおいしい。

麺栄（めんえい）

20年以上価格据え置き安い旨い、うどん・そば専門店

安くておいしいうどん・そばを取りそろえた「麺栄」。人気の「天玉うどん」（６７０円）はじめ、「いなりうどん」（４８０円）、「天ぷらうどん」（６２０円）、「いなりそば」（５３０円）など値段が微妙に中途半端なのは「消費税が3％か5％に上がった頃から計算が面倒くさくなり、値上げしていないから」だそう。丼を返却すれば、外のベンチでも食べられる。

おすすめMENU

肉と玉子入りスタミナうどん 700円
いなりうどん 480円
天ぷらそば 670円

●うどん・そば各種
営業日▶本場開催日
場所▶うまいもん広場

不二家（ふじや） 大食堂

めん類、丼物に定食も「本日のランチ」が人気

「大食堂」の名の通り、金沢競馬グルメの中で最も広い店内。ゆったりと食事を楽しみたいなら、この店だ。窓際の席はパドックの特等席で、馬を観察しながら食事できる。「牛すじ」（600円）はオープン以来、半世紀変わらぬ味を守る一方、「本日のランチ」（1000円）は飽きが来ないように日々研究を怠らない。店主が馬主だけあって、馬主の客も多い。

●各種定食・丼物等
営業日 ▶ 本場開催日
場所 ▶ スタンド棟3F

おすすめMENU

牛すじ 600円
ラーメン 700円
おでん定食 1200円

バラエティーに富んだ定食類の中で人気随一の日替わり定食「本日のランチ」1000円。

レストホースピア

特別観覧席にある人気店 隠し味は店主の優しさ

スタンド棟2階、特別観覧席内の「レストホースピア」は観覧席と食堂の距離がどこよりも近い。姉妹店となる3階「不二家大食堂」とは共通メニューが多いが、「カツらーめん」（850円）はこの店のオリジナル。店主は野菜栽培が趣味で、料理に自家製野菜を使うほか、お酒を注文すると店主が栽培した落花生や枝豆のつまみがサービスされることがある。

おすすめMENU

カレーライス 700円
牛すじ 600円

トンカツとラーメンがマリアージュした「カツらーめん」850円。観覧席で食べてもOK。

●うどん・ラーメン・おつまみ等
営業日 ▶ 本場開催日
場所 ▶ スタンド棟2F

スポーツ配信充実！

スポーツライブ配信なら HABアプリ

LIVE STREAMING
スポーツライブ配信

HABアプリなら無料でスポーツ配信をご覧いただけます。
プロリーグはもちろん、金沢武士団、高校野球石川大会ほか、北陸のスポーツ振興をライブ配信します。

↘QR※でアプリをダウンロードして今すぐライブ配信を楽しもう！
※QRコードは（株）デンソーウェーブの登録商標です

ダウンロード無料

※写真はイメージです。実際のライブ配信映像と異なります。

スポーツライブ配信についてのお問い合わせ 北陸朝日放送 エリア・イノベーション推進室 tel.076-269-8860(平日9:30～18:00)

ハッピーくんの密着取材

金沢競馬場を盛り上げる人たち

Close coverage

Kanazawa Horse Park

騎手の日常に密着してみました！

競馬ファンや馬主、調教師や厩務員など、さまざまな人の期待と夢を背負って馬に乗る騎手。レースでは見ることができない騎手の裏側を、ハッピーくんがリポートします。登場するのは金沢競馬の2021、2022年連続でリーディングジョッキー賞に輝いた青柳正義騎手です。

朝飯前の調教

金沢競馬の馬場を照らす走路照明が点灯するのは午前2時。それに合わせて青柳騎手の調教が始まります。

「午前2時前に起きる生活を20年以上続けています。若い頃よりも、起きられるようになりましたが、この生活は今でも慣れません。眠いですね(笑)」

1日に調教する馬は日によって異なりますが、大体15〜20頭。1頭あたり20分くらいです。乗り終わると、馬の状態や騎乗の感触を調教師や厩務員に伝えます。途中、休憩をはさんだりするので、すべての調教を終えるのは午前9時ごろ。そこでようやく朝食をとります。騎手の調教は「長い朝飯前の一仕事」です。

「馬は車やバイクと違って、生き物です。アクセルやブレーキがありません。ハンドルを切ったら右や左に行くわけではなく、性格も一頭一頭違います。走るのが好きな馬もいれば、嫌いな馬もいる。あらゆる馬をいかにして走りに集中させて能力を最大限引き出すか。それが騎手の仕事なんです」

　朝食後、レースのない日は仮眠し、昼頃に起きてトレーニング。夕方に食事をして午後8時には就寝。レース開催日も仮眠後、昼頃からレースに出場。騎乗を終えて午後7時頃に夕食、翌日に備えて午後8時には眠りにつきます。

騎手は水商売

　青柳騎手は千葉県出身。小学校低学年の時に、1歳年下の弟に身長を抜かれ、落ち込んでいると、親戚のおじさんが「体が小さいなら、騎手の仕事があるよ」と勧められたことが騎手を志したきっかけです。騎手学校時代、金沢競馬を志望しました。

「地元の南関東はレベルが高く、そこでやっていく自信がなかったんですよ。それが金沢競馬を選んだ理由（笑）　金沢では気候がまったく違って、驚きました」

　デビューは2003年。デビュー2戦目で初勝利を挙げて順調に滑り出したものの、しばらくは年間10〜20勝と伸び悩み、一時期は厩務員に転向することも検討したそう。転機は2012年に訪れました。

「騎手10年間で騎手の基本ができていたこともあったと思いますが、その年、通算2743勝の中川雅之騎手が引退、吉原騎手も南関東に遠征することが増えて、浮いた勝ち星を結構取り込めたんですよ。それが自信につながりました。騎手の仕事は本当に水商売だなと思いますね」

才能を一気に開花

2013年に重賞初Vを飾ると、翌年、ケージーキンカメに騎乗して名古屋の「東海ダービー」を制覇。一気に才能を開花させて、2018年にリーディングジョッキー賞を獲得します。

「競馬の騎手は、競輪や競艇の選手と違って、自分の腕一本だけで戦っているわけじゃなく、実際に走るのは、馬。どれほどすごい騎手が乗っても、馬の脚が遅かったら勝てません。勝率を上げるために、必要なのはまずは強い馬に乗せてもらうこと。それには一つ一つレースで勝ち鞍を積み重ねていくしかありません」

その後、負傷の影響もあって、2019、2020年はトップの座を譲ったものの、2021年、2022年には連続リーディングジョッキー賞。2021年には通算1000勝を達成、2022年には金沢所属馬で初めて西日本ダービーを制するなど8重賞を勝ち取って、金沢競馬を代表する騎手となります。

青柳 正義 **Masayoshi Aoyagi**

所属調教師■鈴木 正也／生年月日■1985(昭和60)年4月5日／出身地■千葉県
血液型・星座■A型・おひつじ座／初騎乗年月日・騎乗馬■2003(平成15)年4月6日・キタイセダンサー／好きな戦法■好位差し

「金沢競馬」の顔に

2023年は笠松に期間限定騎乗して、14勝を挙げる大活躍を見せ、他場で通用する力を示しました。2024年1月から東京・大井で騎乗する予定となっています。

「大井では不甲斐ない走りはできません。当面の目標は、通算2000勝。あとは南関東で10勝したいですね。そして、『金沢競馬の顔』のような騎手になりたい。吉原騎手がいるんで、その次の顔くらいには(笑)」

朝の調教を見学したその日はレース当日。この日、青柳騎手は7鞍に騎乗して1着3レース、2着2レースで、連対率は71・4%という圧倒的な強さを見せてくれました。

調教師の裏側を覗いてみました！

調教師の知られざる世界をひも解くべく、金沢競馬のマスコットキャラクターのハッピーくんが佐藤茂調教師にお話を聞きました。金沢競馬所属の調教師と騎手で組織する石川県調騎会の会長を務める佐藤調教師は1995年にデビュー以来、勝ち星を積み重ねて地方競馬通算勝利は1900勝を超える大ベテランです。

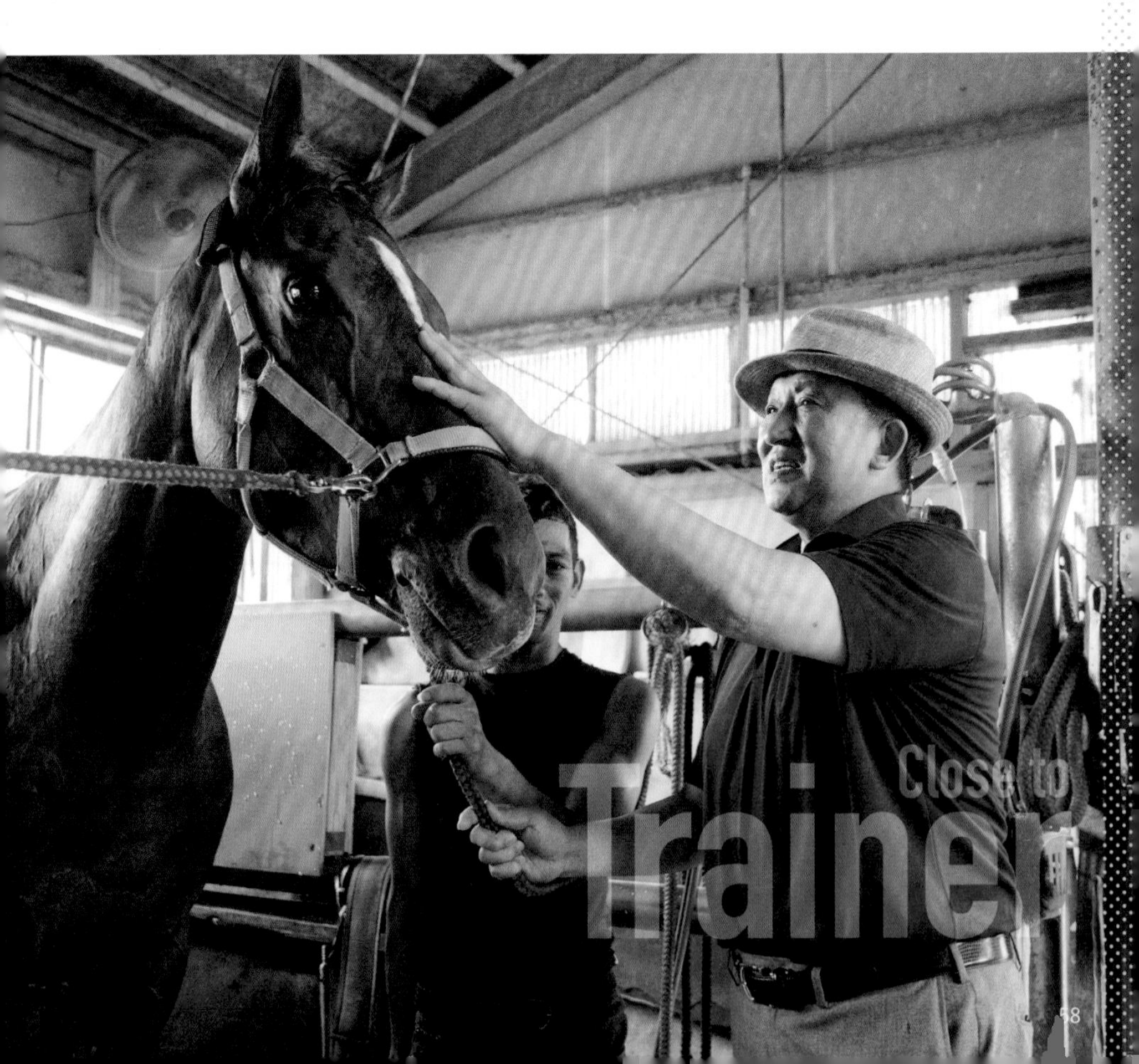

調教師は小学校の先生

佐藤調教師の1日は午前3時に始まります。朝というよりも、真夜中です。金沢競馬場には午前3時半までに来て、馬の調教を行います。

朝の調教が午前9時半から10時までに終わると、いったん家に帰って朝食をとります。少し休憩した後、再び競馬場に戻って朝、調教した馬の体調をチェック。仕事が終わるのが午後3時半から4時ごろです。床に就くのは毎日午後8時ごろですが、レース開催日や馬主と会食する日はさらに遅い就寝となります。それでも翌朝には3時に起きます。

佐藤厩舎で2023年9月現在、管理・調教している馬は43頭です。

「調教師は43人の生徒を担任する小学校の先生と同じですよ。小学生も性格や運動能力、勉強が得意な子、音楽が得意な子、いろいろいま

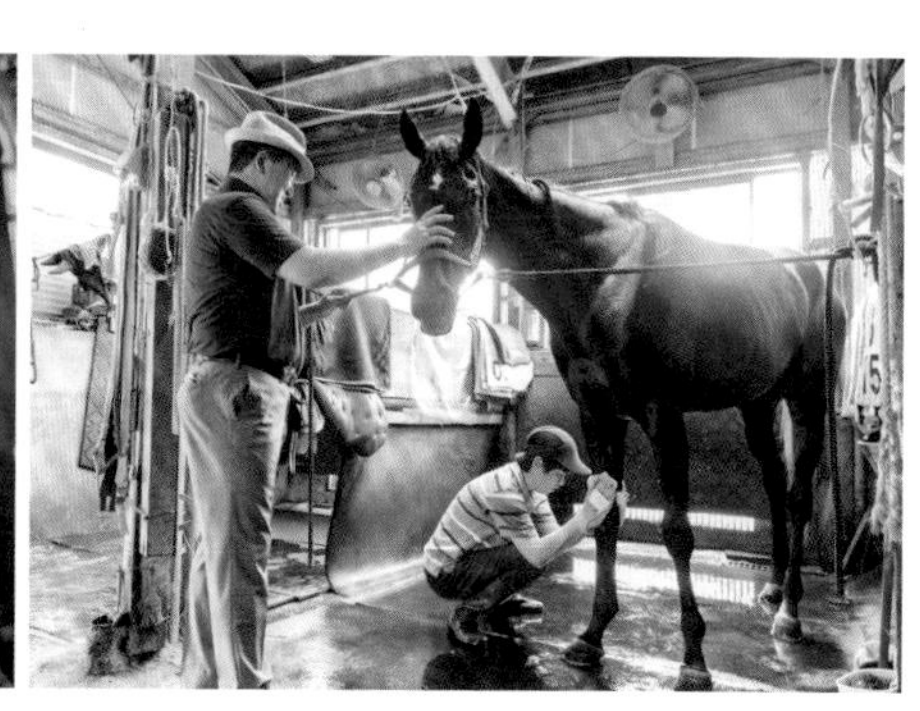

す。馬も同じです。馬体や気性、体調などに応じて、それぞれの馬に応じた調教メニューを決めます」

調教師は厩舎で働く厩務員に指示を出し、馬主や牧場を回って一頭でも多くの馬を集める仕事も担うので、「クラス担任を持つ校長先生」と言えるかもしれません。

中学時代は陸上で活躍

生まれは秋田県。祖父は農業の傍ら、農家に農耕馬を販売する仕事も兼業していたので、もの心つくと家には馬小屋があったそう。父・英一さんは騎手・調教師。佐藤調教師も将来は騎手になるつもりでしたが、中学3年の時に身長が10センチも伸びて168センチになり、騎手の道を断念しました。身長170センチの武豊騎手がデビューする前で、もし先に武騎手がデビューしていたら佐藤調教師も騎手になっていたかもしれません。

高校は東京にある駒場学園の装蹄科に進学、北里大学で畜産を勉強して大学卒業後、父が厩舎を営んでいた地方競馬の山形県・上山競馬場で厩務員になり、1995年に調教師となりました。

中学時代は長距離の陸上選手として活躍し、最高成績は秋田県で5位となっています。競馬の調教は陸上競技の中・長距離のトレーニング法との共通点が多く、自身の陸上経験が競馬の調教にも生かされています。

「競馬も陸上も、ゲートやスタートラインからスタートし、誰が一番先にゴールに到着するかを競う。レースではどこでペースを上げて、どこで緩めるか。その駆け引きも同じです」

調教ではインターバルトレーニングを導入していますが、中央競馬に比べて施設や人員の面で思うようにいかないところが課題なのだそう。

通知簿が公表される競馬の世界

調教師として一番大切にしているのは、「勝つ」ことです。

「勝たないことには、いい馬は入ってこないし、いいスタッフも集まってこない。普通、学校で子どもたちは通知簿を隠すものでしょ？　でも、競馬の世界では調教師や騎手の通知簿は公表されて一目瞭然。こんなシビアな世界はほかにありませんよ（笑）」

勝つために必要なのは、それぞれの馬の適性を見抜くことです。どの距離に向いているのか、どういった調教を行えばいいのか。馬体や調教、レースの様子、血統、性格などを総合的に判断して適性を見極めると同時に、馬をよく観察して体調をチェックすることで、ケガを防ぎます。

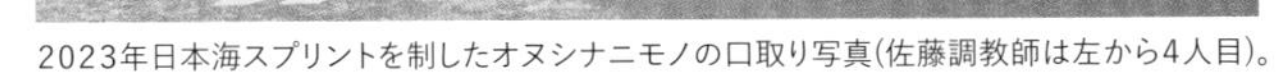

2023年日本海スプリントを制したオヌシナニモノの口取り写真（佐藤調教師は左から4人目）。

人づくりで恩返し

佐藤調教師はデビュー半年で重賞優勝を飾り、その後も着実に重賞優勝を重ねますが、2003年に転機が訪れます。財政難から上山競馬場が廃止となってしまったのです。2004年に金沢競馬に移籍。上山競馬場で金沢競馬に移籍を希望した6人のうち、希望が叶ったのは2人だけでした。とはいえ、移籍した最初の年、佐藤調教師に与えられた馬房はたったの6馬房。くしくも調教師1年目と同じ馬房数で、まさにふりだしに戻ったような再出発だったのです。移籍後すぐに重賞優勝。そこから1600勝以上、勝ち星を重ねています。

「金沢競馬には『拾ってもらった』という恩義を感じています。競馬の世界には、『馬づくりは人づくり』という言葉がある。調教師としての集大成は、調教師や厩務員、騎手など後進を育て、金沢競馬に恩返しすることだと思っています」

佐藤 茂　Shigeru Sato

生年月日 ■ 1959年2月6日
初 出 走 ■ 1995年4月18日
初 勝 利 ■ 1995年4月18日
重賞優勝 ■ 42勝（2023年8月31日現在）
通算勝利 ■ 1,952勝（2023年8月31日現在）

金沢競馬は競馬文化を伝える拠点に

角居（すみい）勝彦さん（金沢市出身）は中央競馬界の第一線を疾走してきた元調教師です。厩舎開業５年目の２００５年に初の賞金王に輝くと、２００７年にはウオッカが牝馬として64年ぶりに日本ダービーを優勝。ヴィクトワールピサは２０１１年、１着賞金６００万ドルのドバイワールドカップを日本馬で初めて制するなど、数多くの偉業を成し遂げてきました。そんな角居さんは厩務員時代から競走馬の行く末に思いを巡らしていたそうです。

厩務員時代から競走馬の現実に直面

「厩務員時代、自分の担当馬が３歳の夏を過ぎて１勝を挙げられないと、ＪＲＡのシステム上、自分の手元から離れていきます。２着や３着になっていれば、地方競馬に行けるんですが、それにも引っかからない馬はどうなるのだろう、という思いがずっとあったんです。走ることでしか命を繋げることができないサラブレッドは走る能力が劣っていたり、調教中の事故で走れなくなったりすると、殺処分となります。確かな数字は分かりませんが、年間約７０００頭のサラブレッドが誕生する一方で、殺処分されるのは年間３０００〜５０００頭に達するともいわれます。

競走馬を引退後、乗馬用の馬になることができても、速く走る能力や

「能登で馬と人が距離を縮められる場所をたくさん作っていきたい」と意気込む角居さん＝珠洲市内

攻撃性、瞬発的な動きといった競走馬としての特性が邪魔することがあります。乗馬用の馬では速く走る能力は必要なく、攻撃的な性格は人間に愛されません。瞬発的に動けば人間が落馬してケガをする場合もある。乗馬用の馬として順応できなければ、やはり弾かれてしまうんです。天寿を全うできる馬は、よほど名前が知れた馬など、ほんの一握りでしかありません。その現実を何とかする方法はないのかとずっと考えていました」

角居さんが引退馬の余生を支える活動を始めるのは最多勝利調教師賞と最多賞金獲得調教師賞をW受賞した2013年ごろからです。

勝つことが引退馬を支えるモチベーションに

「馬に稼がせてもらったので、そのお金を少しでも馬に返す仕事をや

ドバイワールドカップを制したヴィクトワールピサの引退式に臨む角居さん（左から3人目）＝2012年、京都競馬場

りたいなと思ったんです。ただ、調教師は優勝劣敗の世界。弱い馬を支える仕事をメインにしてしまうと、勝てない言い訳をしているようにしか見えません。だから、活動を続けるには勝って成績を挙げ続けなければいけない。そう思ってモチベーションにしていました」

2021年に調教師を引退後、祖母の家があった能登を拠点に引退馬が生きていける環境づくりに着手。2023年には引退した競走馬と人が触れ合える「珠洲ホースパーク」を珠洲市蛸島にオープンしました。

「能登モデル」として全国、世界に発信

「馬を放牧するには広大な土地が必要です。その点、珠洲は平坦な場所が多く、自然も豊かで、馬が余生を過ごす土地にはもってこいです。そして過疎が進む珠洲で馬と人が触れ合える場所を作れば、観光誘客にもつながると考えました。また、馬との交流によって障害者の精神機能と運動機能を向上させ、社会復帰を早めるホースセラピーに活用する可能性も模索しています。

もちろん、馬の中には人と触れ合えない性格の馬もいます。そんな馬にもできることはないか探す必要があります。たとえば耕作放棄地の雑

調教を見守る角居さん＝2011年、滋賀県栗東市

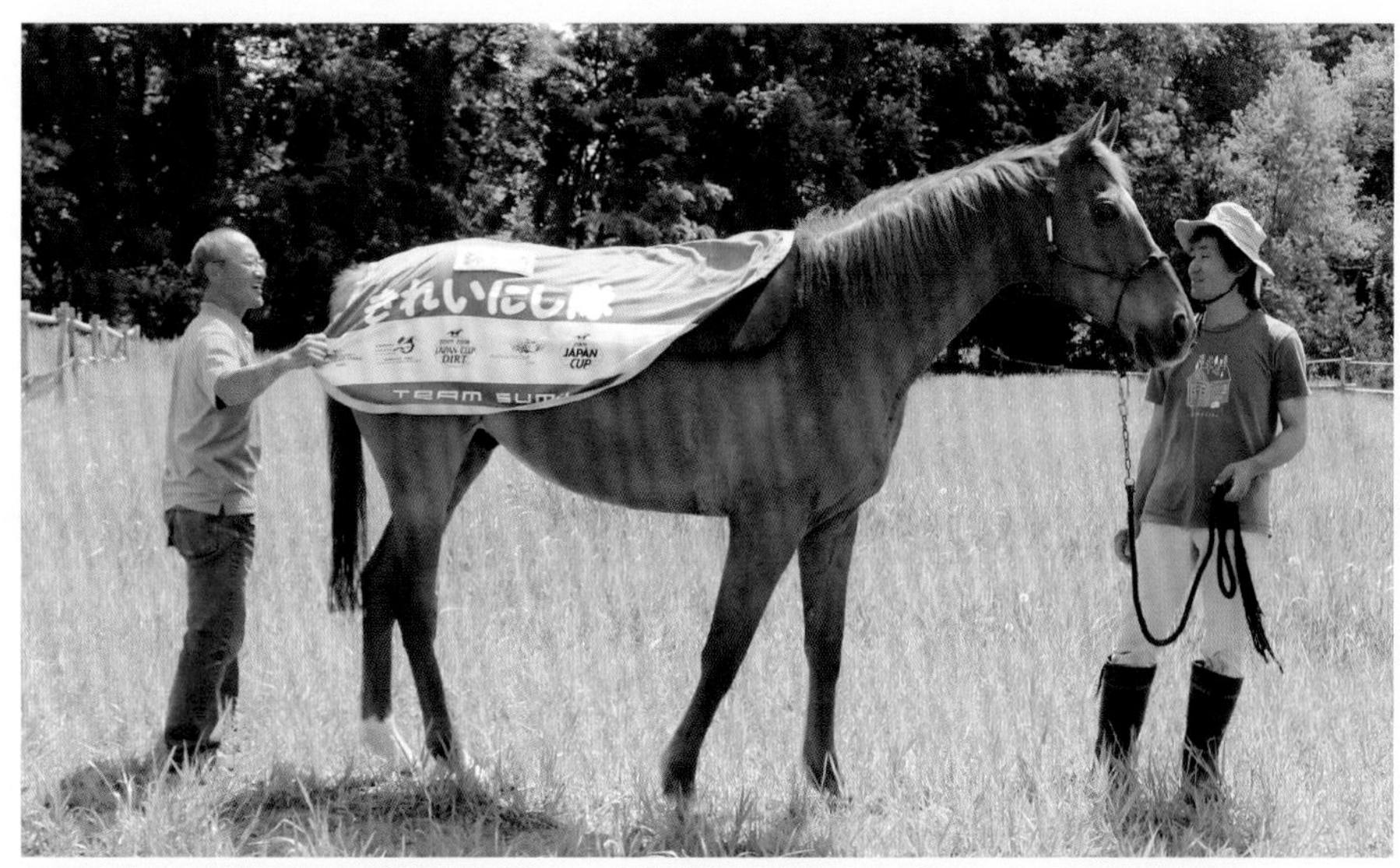

角居さん（左）は、引退した競走馬を清掃隊長に「任命」し、地域の美化に取り組む活動も進めている＝2021年、珠洲市内

草を食べて、その排泄物を有機肥料として使えばＳＤＧｓにもなります。そうやって引退馬が余生を過ごす場所の成功事例を作り、能登モデルとして全国、世界へ発信していきたいと思っています」

「珠洲ホースパーク」に現在いる馬はＪＲＡで３勝したレッドアルティスタはじめ４頭。来場者は餌やりやブラッシングを通して馬たちと触れ合うことができ、乗馬体験を楽しむことができます。角居さんは金沢競馬に対する期待を話してくれました。

「北陸の人には、競馬というとまだまだギャンブルという受け止め方が強いと思います。しかし競馬はいまや、ギャンブルからスポーツ、文化に変わりつつある時代です。金沢は文化の町であり、そこに競馬文化もぜひ加えてほしい。そのために金沢競馬は競馬文化を伝える拠点になってほしいですね」

角居 勝彦さん

金沢市出身。JRA賞は最多賞金獲得調教師5回、最多勝利調教師3回、優秀技術調教師を5回獲得。JRAでは通算5510戦762勝、重賞はGI26勝を含む82勝。他に海外GI5勝、交流GI7勝。みんなの馬株式会社COO、金沢競馬経営評価委員会委員。石川県観光大使。

珠洲ホースパーク

石川県珠洲市蛸島町鉢ケ崎36-3
【入館料】500円
※珠洲市民、「みんなの馬」会員、小学生以下無料
【営業時間】10:00～12:00、13:00～15:00
【定休日】火・水曜日
TEL.0120-401-638

Jockey

騎手・氏名／生年月日／所属厩舎

沖 静男
1977年2月14日
（川添 明弘）

魚住 謙心
2003年2月28日
（鋤田 誠二）

池田 敦
1977年3月4日
（髙橋 俊之）

青柳 正義
1985年4月5日
（鈴木 正也）

兼子 千央
2000年7月29日
（宗綱 泰彦）

加藤 翔馬
2005年4月24日
（加藤 和義）

葛山 晃平
1979年12月7日
（菅原 欣也）

鈴木 太一
1981年12月19日
（加藤 和義）

柴田 勇真
1994年2月8日
（金田 一昌）

甲賀 弘隆
1995年8月21日
（黒木 豊）

栗原 大河
1998年3月20日
（菅原 欣也）

Trainer

調教師・氏名／生年月日／所属騎手

川添 明弘
1976年10月19日
沖 静男・服部 大地

金田 一昌
1967年1月4日
柴田 勇真・田知 弘久
藤田 弘治

加藤 和義
1977年10月28日
加藤 翔馬・鈴木 太一
吉原 寛人・米倉 知

加藤 和宏
1953年11月13日
堀場 裕充

井樋 一也
1964年3月18日

鈴木 正也
1958年2月12日
青柳 正義

鋤田 誠二
1965年1月18日
魚住 謙心

菅原 欣也
1953年1月7日
葛山 晃平・栗原 大河

佐藤 茂
1959年2月6日
吉田 晃浩

黒木 豊
1957年5月15日
甲賀 弘隆・平瀬 城久

服部 大地
1981年4月25日
（川添 明弘）

中島 龍也
1996年3月12日
（高橋 優子）

田知 弘久
1986年11月10日
（金田 一昌）

松戸 政也
1987年1月22日
（田嶋 弘幸）

堀場 裕充
1976年10月11日
（加藤 和宏）

藤田 弘治
1980年6月1日
（金田 一昌）

平瀬 城久
1979年2月21日
（黒木 豊）

米倉 知
1975年11月26日
（加藤 和義）

吉原 寛人
1983年10月26日
（加藤 和義）

吉田 晃浩
1981年10月27日
（佐藤 茂）

中川 雅之
1963年1月31日

田嶋 弘幸
1965年2月24日
松戸 政也

高橋 優子
1973年7月19日
中島 龍也

高橋 道雄
1949年1月27日

髙橋 俊之
1955年10月22日
池田 敦

吉井 一良
1964年11月17日

室井 眞文
1961年12月28日

宗綱 泰彦
1960年11月17日
兼子 千央

野田 幸雄
1954年3月24日

天職の調教師、70歳までは乗る

調教師 田嶋 弘幸さん(58)

父・弘は騎手・調教師、叔父・進も調教師やった。入江に競馬場があった頃は、競馬場のなかを通って小学校に通ったもんや。八田に移転したのは小3の時。その年、毎朝馬に乗って散歩を始めた。近くのスポーツ少年団に入って乗馬を始めたのもその頃や。高校1年で国体の馬場馬術に初出場、2年の時に全国3位になった。日本大学では全日本で団体優勝しとるよ。大学卒業後、中央競馬で調教師になる道もあったけど、地元に恩返ししたいと思って金沢に帰ってきた。

調教師になったのは1999年、34歳の時。翌年にはナゾという馬で中央競馬の札幌競馬場に出走した。金沢の外でも挑戦したかったんやな。

馬に礼を尽くすのがわしのモットー。この40年、襟のない服で乗馬したことはない。親戚には「あんたは馬に乗って飯を食べるために生まれてきた人間や」と言われた。70歳までは乗り続けるつもりや。

「白山大賞典」を立ち上げたこと

決勝審判 庄司 勇一さん(74)

金沢競馬に配属になったのは競馬事業局が発足した1972年4月、競馬場が八田に移転する1年前のことです。以来、何度か異動はあったものの、定年後に勤務した地方競馬全国協会も含めて43年間、競馬の仕事に携わってきました。馬場の管理から番組編成、現在も続けている決勝審判まで、競馬場の業務はほぼ経験しています。

最も印象深い思い出は30代前半の頃、若手職員が集まって「白山大賞典」を立ち上げたことです。当時、金沢競馬の重賞に「金沢市長賞」はあっても、「石川県知事賞」がなく、「金沢競馬で石川県知事賞がないのはおかしい！」と奔走したんです。その「白山大賞典」は2023年、43回目を迎えました。

金沢競馬はネット販売が全盛になった今日でも、本場開催の入場者数は1000人を下りません。都市部の地方競馬でも1000人がやっとというところがあります。金沢競馬はそれだけ地元ファンに愛されているんです。

父が育てた馬で全国の重賞へ

騎手 加藤 翔馬さん(18)

金沢競馬に関する最古の記憶は8歳頃、父(騎手として742勝した現調教師の和義さん)の引退レースの日です。スタンドから見ていた馬上の父がカッコ良く、その時、「自分も騎手になりたい」と思いました。

金沢市立清泉中学校卒業後、競馬学校で騎乗訓練を重ね、2023年4月2日、地元出身騎手として22年ぶりにデビューして、その当日2戦目で初勝利を挙げることができました。デビュー2戦目での勝利は憧れの吉原寛人さんと同じ。こんなに早く勝てるとは思っていなかったので、とてもうれしかったです。

でも実際に騎手になってみると、吉原さんの背中はまだまだ遠いのが現実。いまの目標は、父が育てた馬に乗って全国の重賞に出場して活躍し、吉原さんのような騎手になることですね。

初勝利の後、父から「楽しんで乗ったか?」と聞かれ、「はい」と答えると、「それならいい」と言われました。これからも楽しんで乗りたいと思います。

Voice of the 50th anniversary of Kanazawa Horse Park

まだまだ「看板娘」で

金澤玉寿司 競馬場内店 寺西 美彌子さん(85)

うちがオープンしたのは金沢競馬場がまだ入江にあった頃です。当時から続けとる店は、今やうちだけ。あの頃、来場者は1日7000人かな。開店と同時にお客さんがなだれ込んでくるもんだから、ネタが乗ったお皿をカウンターにずらっと並べてねぇ。朝から晩までおすしを作っては売って忙しくも楽しい日々を過ごさせてもらいました。

「トロ3貫500円」のスタイルは昔のまんま。安さに驚かれるけど、これからも変える気はないですよ。値上げの計算がいじっかしいんやもん(笑)「商売人は損をして得を取れ」という思いで続けて来たわ。

最近では競馬情報誌とかでうちを知って、全国からお客さんが来てくれるんです。

何十年も通ってくれとるお客さんには心から感謝です。まだまだ常連さんの好きなネタはしっかり覚えています。体力の許す限り、まだまだ「看板娘」でやっていきたいです。

常連さんの「うまい」を支えに

宇ノ気玉寿司 競馬場店 店長
新家 昭人さん（77）

17歳でこの世界に入って以来、一貫一貫、心を込めて握らせてもらっとります。メニューはいたってシンプル。一番人気は、にぎり8貫のセットかな。近ごろはイベントなんかがあると、石川県外から来たお客さんでカウンターが埋まるようになりました。

とは言え全盛期の頃は、あらかじめすしおけを埋めておかんと、間に合わんほどすごい人でした。「百万石賞」の時なんかは、駐車場から出るまでに1時間半の渋滞ができてねえ。あの頃のにぎわいが懐かしいです。

そんな「良い時代」を知る常連さんに支えられて、ここまで続けてこられたと思っています。やっぱり、すしは握りたてが一番うまい。まだまだ手は動きますんで、もうしばらくお客さんの「うまい」を支えに、競馬談義に花を咲かせたいですね。

金沢競馬50年を彩る人たち

「孫」の活躍に胸躍らせて

軽食今村 店主
今村 昭子さん（78）

最初はアルバイトとして店を手伝っていました。自分の名義で切り盛りするようになってからは18年ぐらいになります。バブルの頃は、1日でラーメン200杯はさばけたかなあ。あの頃は、競馬ファンでどの店もあふれかえっていました。

それが今では、名物の「いか焼」を600円で提供するのもギリギリ。経営は、決して楽ではありません。それでも、変わらずに顔を出してくださる常連さんと、あれやこれやと笑って過ごせることは、幸せやと思っています。

そうそう、昨年は「孫」が金沢競馬で騎乗してくれたのがうれしかったです。誰かって？

昨季デビューした今村聖奈ちゃんですよ。名字が一緒でしょ。だから自称・祖母ということで特に応援しているんです。今季も、あのかわいい笑顔をたくさん見せてほしいですね。

「大勝ち」よりも「長く遊ぶ」

公認場立ち「あたりや」

予想士（80）

予想士になったのは金沢競馬の移転と同時です。当時は他に15人ほどいたでしょうか。連日大入りで、予想は大売れ。当たった時はご祝儀もいただけました。印象深い馬はイチワカクサです。小柄な牝馬でしたが、強烈な差し足があり、北國王冠や百万石賞を勝っていたのを覚えています。

現在の売上はピーク時の1割程度。場立ち予想士も4人しかおらず、最年少でも60代です。スマホで簡単に調べられる時代ですから、仕方ないのかもしれません。それでも、私の予想を頼りにしてくれる人は今もいます。今年で80歳ですが、もう少し立ち続けようと思います。

この50年間、大もうけできる必勝法を探し続けましたが、見えてきたのは、損をせずに長く遊ぶコツくらい。でも、それが極意なのかもしれません。

Voice of the 50th anniversary of Kanazawa Horse Park

利益追求はしとりません

従業員向け売店販売員

西田 美保子さん（88）

馬券を販売する機械調整、映像撮影、清掃員など競馬場には多くの業者さんが出入りしとります。そういう裏方さんのための売店を任されています。競馬場で働く人のための福利厚生施設やさかい、利益追求はしとりません。

競馬場が移転してきた当初は、一般のお客さん向けの売店に立っていました。人見知りしない性格やから、たくさんの競馬ファンにかわいがってもらいました。

今の売店では皆さんの困り事に対応できるように、家の台所から電子レンジを持って来てみたり、はさみや爪切り、スプーンなんかを置いてみたり、いろんなことをしてきました。少しでも喜んでもらえたのならうれしいです。

あと何年、店番ができるのかは分かりませんが、従業員の皆さんが気持ち良く働けるように尽くしたいですね。

走らない馬を勝たせる醍醐味

厩務員 谷井 毅さん(41)

厩務員になったのは18歳の時です。父と祖父が競馬好きで、もの心つく前から連れられて行った金沢競馬が身近な存在でした。とはいえ、最初は社会勉強のつもりで3カ月勤めたら辞めようと思っていました。それが気付くと20年以上過ぎています。

厩務員は馬によって正解が異なる仕事で、いまも毎日正解を求めて馬の世話をしています。引退するその日まで勉強が続く仕事だと思いますね。

若い頃は「厩務員は馬を勝たせてナンボだ!」と考えていましたが、走る能力のある馬は誰が世話をしても走ります。最近は走らない馬をいかに走らせるかが厩務員の醍醐味だと思うようになりました。軽自動車でも完璧に整備すれば、普通自動車に勝つことができる。そう信じています。

当面の目標は、「この馬に競走馬はムリだろう」と言われたカイエン(写真左の馬)で1着を取ること。2着まで来ました。あともう少しです。

※年齢は取材当時のものです。

移転前から競馬誘導

「すべては馬のために」

金沢大学馬術部

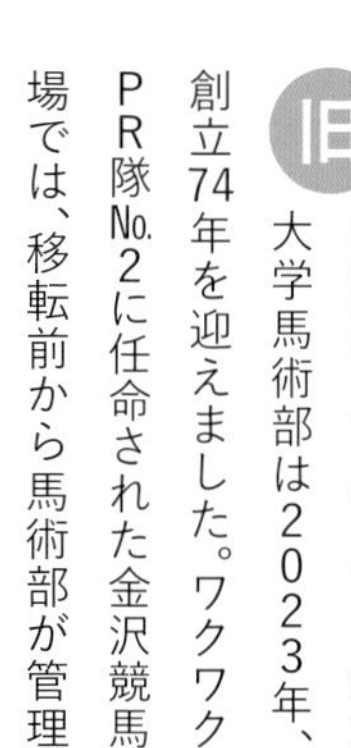

旧制四高を前身とする金沢大学馬術部は2023年、創立74年を迎えました。ワクワクPR隊No.2に任命された金沢競馬場では、移転前から馬術部が管理する馬に乗った部員たちが誘導役を務めています。

「金大キャンパス内にある厩舎では現在、サラブレッドを中心に12頭を飼育しており、16名の部員たちが毎朝6時から授業が始まるまで、乗馬訓練と馬の世話を行っています」（金大馬術部主将・山本哲平さん）

馬の維持費には、飼料代に年間約300万円、医療費や装蹄にかかる費用などを含めると年間約400万円が必要で、全日本学生馬術連盟からの補助金のほか、金沢競馬場での競馬誘導や気多大社の「おいで祭り」に人馬で参加するアルバイト、部員たちの部費などでまかなってきました。しかし、飼料費が高騰する昨今は年間500万円以上になる見込みで、馬術部だけではまかなうことができず、SNSなどを使って寄付を募ることも検討しています。

山本さんは「馬術部のアルバイトに参加する部員はすべてボランティアです。長期休みには部員が交代で休みを取り、毎日、馬の世話を続けています。大変ですが、『すべては馬のために』という思いで活動しています」と話してくれました。

「金沢競馬の大観衆の前で誘導すると、誇らしい気持ちになります」と山本主将。

大学入学後に乗馬を始めた部員がほとんどという金大馬術部。

親子三代で馬主、観戦は寿司店で

石川県馬主協会 会長

寺西 正彰さん(59)

入江の競馬場の頃に祖父が馬主になり、それから親子三代で金沢競馬の馬主です。

祖父は10頭以上、父も同じくらい競走馬を所有していました。うちは金澤玉寿司を営んでいますが、父が入江の競馬場に店を出したのが始まりです。馬主だったから競馬場に行く機会も多いし、当時は場内に飲食店がほとんどなかったから、出店のご縁があったようです。

今は競走馬を3頭所有し、馬の名前には「エムザックヒーロー」など、うちの会社名の「エムザック」を付けています。馬主ですが、メインスタンドの馬主席でレースを見たことはほとんどありません。

金沢競馬の開催日には玉寿司のカウンターに立ち、店の前からは最後の直線が見えるので、自分の馬のレースは店のお客さんと一緒に盛り上がって観戦しています。

これからも馬主の場内寿司店主として、金沢競馬を盛り上げていきたいです。

能舞台で
握る寿司
金沢の味
ここにあり
金沢競馬場でも
召し上がれ

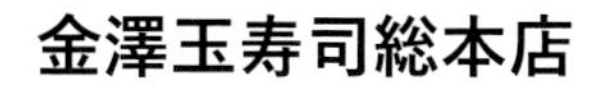

金澤玉寿司総本店

金沢市片町2丁目21-19
TEL.076-221-2644

金澤玉寿司 競馬場内店

金沢市八田町西1 金沢競馬場内
TEL.076-258-5568

金沢競馬の歩み

1948(昭和23)年 7月13日	競馬法の公布により地方競馬が公営競馬となる。
1948(昭和23)年 9月23日	金沢競馬場(金沢市入江)で県営競馬を開催(年2開催)
1954(昭和29)年 9月27日	金沢市競馬開催指定(県営4回、市営2回)
1956(昭和31)年 8月27日	輪島市、能都町、穴水町、門前町、町野町、鵜川町、柳田村の競馬開催指定(水害復興) 輪島市ほか6ヶ町村競馬組合設立(県営4回、市営2回、競馬組合営2回)
1957(昭和32)年 5月 6日	町村合併により町野町が輪島市、鵜川町が能都町にそれぞれ編入のため輪島市外4ヶ町村競馬組合に名称変更
1958(昭和33)年 3月	輪島市外4ヶ町村競馬組合の開催回数年間3回指定(県営4回、市営2回、競馬組合営3回)
1959(昭和34)年 3月	輪島市外4ヶ町村競馬組合の開催回数年間6回指定(県営4回、市営2回、競馬組合営6回)
1962(昭和37)年 4月 1日	石川県の開催回数年間8回の指定(県営8回、市営2回、競馬組合営6回)
1965(昭和40)年 8月 2日	珠洲市、内浦町、津幡町が災害市町として開催指定輪島市外4ヶ町村競馬組合に加入、輪島市外7ヶ町村競馬組合となり、2開催増8開催となる。(県営8回、市営2回、競馬組合営8回)
1970(昭和45)年 3月	輪島市外7ヶ町村競馬組合の開催を廃止し、石川県の開催16回となる。
1971(昭和46)年 3月	金沢市の開催1回増の3回となる。石川県は15回開催となる。
1972(昭和47)年12月 4日	金沢市入江の旧金沢競馬場を廃止し、金沢市八田町に競馬場を移転
1973(昭和48)年 4月 7日	新設競馬場で競馬を開催
1975(昭和50)年 3月	大型オッズ盤設置
1975(昭和50)年 4月	勝馬投票業務にトータリゼータシステムの全面導入
1976(昭和51)年 4月	騎手研修館を設置
1978(昭和53)年 4月	勝馬投票券の前売発売実施
1983(昭和58)年 4月	国際科学技術博覧会協賛特別競馬(昭和58年～60年)1開催増加し、石川県は16開催となる。
1984(昭和59)年 4月	連勝単式勝馬投票法の実施
1987(昭和62)年 4月	国際花と緑の博覧会協賛特別競馬(昭和62年～平成2年)を実施
1988(昭和63)年 4月	勝馬投票業務にセミ・マルチユニット方式の勝馬投票券発券機及び払戻機の全面導入
1988(昭和63)年12月	レース結果テレフォンサービスの開始
1990(平成 2)年 4月	特別観覧席(452席)新設
1991(平成 3)年 4月	施設改善特別競馬(平成3年～5年)を実施、外向前売発売所を新設、降着制度の導入
1994(平成 6)年 3月	マスコットキャラクター及びシンボルマークの作製
1994(平成 6)年 7月	マスコットキャラクターの愛称を「ハッピーくん」に決定
1995(平成 7)年 4月	阪神・淡路大震災復旧支援特別競馬及び長野オリンピック協賛特別競馬(平成7年～9年)を実施
1995(平成 7)年 5月	日本中央競馬会(JRA)と初の人馬交流競走(MRO金賞)実施
1995(平成 7)年11月	8枠連勝単式勝馬投票法を導入
1996(平成 8)年 1月	東海地区(名古屋競馬・笠松競馬)の場間場外発売を開始(3月20日まで44日間)
1996(平成 8)年 4月	8枠連勝複式勝馬投票法と8枠連勝単式勝馬投票法の併用発売開始
1996(平成 8)年 6月	JRAとの条件交流競走開始(6競走)
1997(平成 9)年10月	白山大賞典が全国統一グレード化で「GⅢ」となり中央・地方交流競走となる。

1998(平成10)年 4月	電話投票(Dネット)開始
1998(平成10)年 5月	JRA認定3歳馬競走の開始(新馬戦8レース、未勝利戦7レース)
1998(平成10)年 7月	全レース枠番連勝単式勝馬投票券の発売開始(7月12日〜)
1998(平成10)年 9月	パソコンによる投票(PAT)開始
1998(平成10)年11月	広域場間場外発売実施(笠松・名古屋競馬場のダートグレード競走)
1999(平成11)年 1月	冬期東海・北陸交流による人馬交流事業を開始
1999(平成11)年 4月	馬番連勝複式勝馬投票券の発売開始
1999(平成11)年 8月	GIステップ地区代表馬選定競走開始(MRO金賞、読売レディス杯、兼六園ジュニアカップ)
1999(平成11)年 9月	サラブレッドチャレンジカップが全国統一グレード化で金沢2番目の「GⅢ」となる。 また、初めて、この競走から他場への広域場間場外発売を実施
2000(平成12)年 7月	南関東(大井・川崎)ナイター場外発売開始(7月22日〜)
2000(平成12)年12月	大型映像表示装置放映開始
2001(平成13)年 1月	年齢表示を改正(満年齢)
2001(平成13)年 4月	馬番連勝単式勝馬投票券の発売開始
2001(平成13)年 7月	入場門の自動改札化(コインゲート方式化)
2002(平成14)年 4月	金沢ケーブルテレビにて全レース実況生中継を開始
2003(平成15)年 4月	自動販売払戻機(70台)導入
2003(平成15)年 8月	3連勝式(ワイド、3連複、3連単)の実施
2005(平成17)年 5月	金沢競馬公式ホームページでレース映像(ライブ&オンデマンド)の配信 スタンド棟3階に畳席を設置
2006(平成18)年 7月	「オッズパーク」インターネット投票を開始
2007(平成19)年 4月	「競馬モール」インターネット投票を開始
2007(平成19)年 8月	馬インフルエンザ発生により開催中止(8月19日、20日、26日、27日)
2007(平成19)年	日本のパートI国(世界の競馬開催国における最上位の位置づけ)入りに伴い、 国際競走が「G」格付け、その他競走は「Jpn」格付け競走として分けて表記
2008(平成20)年 3月	「能登半島地震復興・元気です、能登応援シリーズ」として代替開催を実施
2012(平成24)年	JRAとの相互発売を開始/IPAT発売を開始
2013(平成25)年11月	第13回JBC競走を開催
2014(平成26)年	SPAT4の発売を開始
2017(平成29)年	SPAT4全レース発売を開始
2020(令和 2)年	新型コロナウイルス感染拡大防止のため無観客競馬の実施
2021(令和 3)年 3月	大型モニターの更新
2021(令和 3)年11月	第21回JBC競走を開催
2023(令和 5)年 3月	走路照明が完成
2023(令和 5)年	金沢競馬場移転50周年

各種データ

データは金沢競馬場移転後〈昭和48(1973)年以降〉の数値(賭式別最高払戻額除く)

歴代騎手勝率

	1着	全出走数	勝率
渡辺 壮	2,086	7,736	27.0%
蔵重 浩一郎	1,555	8,203	19.0%
吉原 寛人	2,905	15,580	18.6%
勝田 浩	637	3,526	18.1%
吉井 敏雄	2,046	11,387	18.0%
大瀬戸 豊	1,514	8,595	17.6%
寺田 茂	1,195	6,805	17.6%
中川 雅之	2,743	16,119	17.0%
山中 利夫	2,185	13,310	16.4%
徳留 康豊	1,748	10,774	16.2%

※1,000回以上騎乗した騎手が対象 ※令和5年10月5日時点の地方通算成績

歴代騎手勝利数

吉原 寛人	2,905
中川 雅之	2,743
桑野 等	2,218
山中 利夫	2,185
渡辺 壮	2,086
吉井 敏雄	2,046
米倉 知	1,837
徳留 康豊	1,748
蔵重 浩一郎	1,555
大瀬戸 豊	1,514

※令和5年10月5日時点の地方通算勝利数

調教師勝利数

金田 一昌	2,750
佐藤 茂	1,967
髙橋 俊之	1,404
中川 一男	1,330
藤木 一男	1,260
南 昭造	1,216
宗綱 貢	1,120
松野 勝己	1,100
南 一吉	1,096
吉井 良政	1,046

※令和5年10月5日時点の地方通算勝利数

歴代騎手連対率

	1着	2着	全出走数	連対率
渡辺 壮	2,086	1,273	7,736	43.4%
蔵重 浩一郎	1,555	1,289	8,203	34.7%
吉井 敏雄	2,046	1,798	11,387	33.8%
吉原 寛人	2,905	2,332	15,580	33.6%
勝田 浩	637	542	3,526	33.4%
中川 雅之	2,743	2,432	16,119	32.1%
山中 利夫	2,185	2,035	13,310	31.7%
寺田 茂	1,195	962	6,805	31.7%
大瀬戸 豊	1,514	1,200	8,595	31.6%
徳留 康豊	1,748	1,505	10,774	30.2%

※1,000回以上騎乗した騎手が対象 ※令和5年10月5日時点の地方通算成績

賭式別最高払戻額

賭式	最高払戻額	日付	レース番号
単勝	40,000	2007/10/15	第3R
複勝	16,550	2009/9/20	第1R
枠複	234,900	2014/9/14	第2R
馬複	419,670	2008/9/1	第10R
枠単	577,350	1996/5/8	第8R
馬単	1,253,850	2016/4/26	第5R
ワイド	93,310	2005/8/30	第8R
三連複	716,010	2005/11/8	第10R
三連単	8,637,940	2021/3/15	第1R

※1996/4/7以降のデータ

1レースあたり売上げレコード
612,645,600円（2023/9/26/第10R白山大賞典）

1日あたり売上げレコード
1,063,728,000円（2022/10/4）

※いずれもJBCを除く通常開催

調教師勝率

	1着	出走数	勝率
藤木 一男	1,260	6,537	19.3%
勝田 穂	961	5,233	18.4%
佐藤 茂	1,967	11,327	17.4%
澁谷 幸平	274	1,607	17.1%
平床 良博	582	3,479	16.7%
金田 一昌	2,750	16,701	16.5%
松田 初市	440	2,686	16.4%
本 忠司	293	1,823	16.1%
中川 雅之	866	5,469	15.8%
四ツ谷 卓持	381	2,446	15.6%

※1,000回以上の出走回数がある調教師が対象
※令和5年10月5日時点の地方通算勝利数

競走馬重賞勝利数

馬名	重賞勝利数
ハクサンアマゾネス	18
ナムラダイキチ	12
ジャングルスマイル	10
ウインドヨシツネ	9
エビスライトオー	9
ホマレブルショワ	8
スーパーベルガー	8
ハヤテサカエオー	7
サリュウスキー	7
カーネルテンザン	7

※令和5年8月末時点の
地方通算勝利数

コースレコード一覧

距離（m）	集計	日付	馬名	騎手
800	50秒6	1973/6/30	ダイチカネグラ	岩切 敏男
900	53秒6	2021/6/29	ニュータウンガール	岡部 誠
1100	1分8秒5	1975/11/8	オサイチアサテル	吉井 敏雄
1300	1分21秒9	2012/6/19	メイショウヘミング	畑中 信司
1400	1分24秒6	2021/11/3	レッドルゼル	川田 将雅
1500	1分32秒1	2021/11/3	テオレーマ	川田 将雅
1700	1分46秒7	1981/6/15	トレビオーカン	寺田 茂
1900	1分59秒8	1983/7/3	マルケンホープ	大瀬戸 豊
2000	2分6秒6	2012/9/4	ナムラダイキチ	畑中 信司
2100	2分10秒3	2021/9/22	メイショウカズサ	川田 将雅
2300	2分26秒9	2012/6/17	ジャングルスマイル	平瀬 城久
2600	2分50秒0	2010/11/14	タートルベイ	堀場 裕充

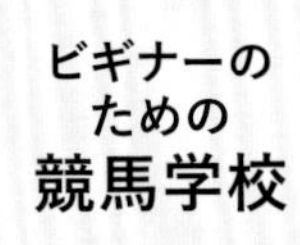

レースまでの流れ

パドック

出走馬の状態などを実際に見て、馬のコンディションを見極めます。

オッズ

場内テレビでは、馬券の種類ごとに随時最新オッズ(払戻金の倍率)が表示されます。自分の買う勝馬投票券(馬券)のオッズを確認してみましょう。

返し馬

騎手が騎乗して馬場に入場し、レース前のウォーミングアップを行います。馬のコンディションを見極める重要なポイントです。

投票締切

馬券購入の締切は発走時刻の2分前です。締切直前は発売機が混み合うので早めに投票しましょう。

輪乗り

返し馬を終えるとスタートゲート後方の待機所に集合し、枠入りを待ちます。ここで人馬ともに集中力を高めます。

ゲートイン～スタート

ファンファーレとスターターの合図で発馬機へ1頭ずつ枠入りします。全頭揃うと前扉が開き、レースがスタートします。

ゴール板が設置されている決勝線を馬の鼻先が最も先に到達した馬が1着となります。着順が微妙な時は写真判定を行います。

ゴール

全馬がゴールすると掲示板に馬番が点滅表示します。着順が確定すると点灯に変わり、【確】の文字と赤ランプが灯ります。確定するまで、馬券は保管しましょう。

確定

着順確定後、場内放送・映像システムなどで払戻金の案内が行われ、払戻が行われます。的中馬券の有効期限は60日となっています。

払戻

競走中に他馬の進路を妨害するなどの違反があったと思われる場合、裁決委員による審議が行われ、対象馬の違反が認められた場合は降着または失格となり、着順が変更されます。

審議・降着

式別(馬券の種類)ごとに的中者がいない場合、100円につき70円または80円の払戻となります。

特払い

投票した競走馬が競走を除外された場合、その馬に関わる投票金額はレース確定後に全額返還されます。

返還

用語集

ガミる	馬券が的中しても、払戻額がそのレースの購入額を下回ること。
斤量（きんりょう）	馬が背負う負担重量（鞍などの一定の道具を含めて騎手が騎乗するときの重量）。
口取り（くちとり）	勝った馬がウイナーズサークルで記念撮影をすること。
グレード制	重賞を格付けする制度。JpnⅠ、JpnⅡ、JpnⅢの順に上位の格付けとなっています。
差し	レース中、後方の一団に位置し最後の直線走路やレースの後半で、前にいる馬を交わすこと。
JBC	全国の地方競馬場が持ち回りで行っているダート競馬の祭典。JBC＝ジャパンブリーディングファームズカップの略。
重賞競走	賞金が高額で重要なレースのこと。
勝負服	騎手がレースに騎乗する際に着用する服のこと。
末脚（すえあし）	直線に入ってゴール間際で見せる脚勢。
テキ	調教師のこと。
逃げ切り	レース序盤から先頭を走り、そのままゴールまで先頭を走り続けること。
場立ち（ばたち）	地方競馬にいる主催者公認の予想士。
ハナを切る	1頭だけが先頭に立って逃げること。
ハロン	1マイル（1600m）の8分の1で、約200mのこと。ハロン棒はゴールから200mおきに立っている標識。
ポケット	競馬場のコースから外れた場所に一部飛び出す形で設けられた走路のこと。
南関東4場	地方競馬のなかの大井・船橋・浦和・川崎の各競馬場のこと。
輪乗り（わのり）	レース前、スタートゲートの後方に集まった馬たちが枠入りの合図がかかるまで輪を描くように歩くこと。

住宅用から産業用メガソーラーまで設計施工
大竹電機株式会社
OHTAKE
HIT®発電中
Panasonic
太陽光発電システム

枠順と帽色

出走馬は馬番号の順に1枠から8枠に分けられます。それぞれの騎手の帽子の色も枠により決まっています。出走頭数が9頭以上の場合、外枠の8枠から順に1つの枠に2頭ずつ入ります。

1枠【白】

2枠【黒】

3枠【赤】

4枠【青】

5枠【黄】

6枠【緑】

7枠【橙】

8枠【桃】

推理・直感？ 予想紙の見方

競馬は推理を楽しむゲームです。あなたはデータ派？ それとも、夢を託すロマン派？ 競馬専門紙は、競馬を楽しむアイテムとして活用出来ます。出走馬のプロフィール・調教・実力など…。独自の視点を印で表現！ そんな専門紙など競馬を楽しむうえで知っておきたい予想の印を紹介します。

【本命】勝つチャンスが最も高いと予想される馬

【対抗】本命の次にチャンスのあると予想される馬

【単穴】実力通りに走れば、チャンスのある馬・要注意馬

【連下】馬券にからむ可能性がありそうな伏兵馬

【穴】可能性は低いが、もしかしたら馬券にからむかも……という穴馬

競馬上達8ヵ条

第1条 馬場状態を確認しよう！
地方競馬はほとんどがダート・砂コース。力とスタミナのある馬が狙い目です。

第2条 血統を鵜呑みにするな！
血統の善し悪しは牝馬との配合によって決まります。父馬の血統のみにたよるのは危険です。

第3条 前走までの成績を調べよう！
競馬新聞でレースの内容を詳細に調べましょう。馬の好調持続は2カ月くらいです。

第4条 持ちタイムから推理しよう！
新聞に載っている各出走馬の持ちタイム（過去に走ったタイム）をもとに、距離・タイムを換算してみましょう。200mで13秒が妥当な線です。

第5条 調教と実戦との差を考えよう！
新聞掲載の調教タイムと各馬の動きは大いに利用しましょう。ただし、調教と実戦の違いを頭に置く事が大切です。

第6条 レース展開を予想しよう！
例えば、逃げ馬ばかりの中に一頭だけ追い込み馬がいる時とか、逆の場合には、多少のリスクがあってもその馬を狙うのが面白い。

第7条 パドックで勝負気配を見る！
パドックではなるべく先入観を持たず、第一印象を大事にすること。勝負気配の伝わってくる馬は好調です。

第8条 競馬はまず「楽しむ」こと！
とにかく競馬を楽しむ気持ちが大切です。たとえ負けても次回の検討材料にしてしまいましょう！

1着候補『軸馬』を決めよう。

競馬の最大の楽しみは、勝つ馬を当てることです。予想した馬が1着となったときほど気持ちのいいものはありません。もし勝てなくても2着か3着に入れば、馬券の買い方次第では払戻金（配当）があります。つまり1着候補＝軸馬を決めることが大事なのです。ここでは、どんな馬が軸馬にふさわしいのか、どんなふうに馬券を買えばいいのか考えてみます。

（北國新聞競馬担当・久保 勉）

馬券の種類は
左の表を見てね！

まずそのために、馬券の種類をおさらいしておきましょう。金沢競馬では9通り（単勝、複勝、馬連複、馬連単、ワイド、枠連複、枠連単、3連複、3連単）の馬券を買うことができます。

単勝はずばり1着となる馬を当てる馬券です。複勝は3着以内に入る馬を当てます（出走頭数が5～7頭の場合は2着以内）。

馬連複（馬連）は1着と2着の馬を順不同で当てます。馬連単（馬単）は1着と2着を着順通りに当てます。

ワイドは1着から3着に入る2頭の組み合わせを順不同で当てる馬券です。

3連複と3連単は、どちらも1～3着の3頭を当てる馬券ですが3連複は着順を問わないのに対し3連単は着順通りに当てることが必要です。

楽しみ方は 9 通り

	選ぶ頭数	賭式	賭式の説明	マークカードの記入方法
馬の番号で投票	1頭	単勝（たんしょう） （単勝式）	ズバリ1着になる馬を当てる	馬の番号で 1着に 1つだけ印
		複勝（ふくしょう） （複勝式）	3着以内に入る馬を当てる （出走頭数が5頭～7頭の場合は2着以内）	
	2頭	馬連複（うまれんぷく）・馬連（うまれん） （普通馬番号二連勝複式）	1着と2着の馬を順不同で当てる	馬の番号で 1着に1つ 2着に1つ印
		馬連単（うまれんたん）・馬単（うまたん） （馬番号二連勝単式）	1着と2着の馬を着順通りに当てる	
		ワイド （拡大馬番号二連勝複式）	1着から3着に入る2頭の馬の組み合わせを順不同で当てる つまり、1着↔2着、1着↔3着、2着↔3着の組み合わせが的中	
	3頭	3連複（さんれんぷく） （馬番号三連勝複式）	1着、2着、3着の馬を順不同で当てる	馬の番号で 1着に1つ 2着に1つ 3着に1つ印
		3連単（さんれんたん） （馬番号三連勝単式）	1着、2着、3着の馬を着順通りに当てる	
枠の番号で投票	2頭	枠連複（わくれんぷく）・枠連（わくれん） （枠番号二連勝複式）	1着と2着の枠を順不同で当てる	枠の番号で 1着に1つ 2着に1つ印
		枠連単（わくれんたん） （枠番号二連勝単式）	1着と2着の枠を着順通りに当てる	

馬番号 ▶ 馬1頭ごとにつけられた番号で、ゼッケンに表示されている番号と同じです。

枠番号 ▶ 1つの枠ごとにつけられた番号で、1枠から8枠に分けられます。

ここまでが、馬の番号で投票する馬券です。これに対し、枠番号（1～8枠）で投票するのが枠連式（枠連複と枠連単）の馬券で、仕組みは馬連式と同じです。

ちなみに、金沢競馬の2023年シーズン（8月22日まで）の最高配当額は266万1760円で3連単でした。100円（1票）が自動車1台を買える額になるのですから「一獲千金」を狙うファンは多く、馬券の中で購入額は最多です。ただし、当てるのも最も難しく、昨シーズンは、的中なしで70円が払い戻される「特払い」が2回もありました。

専門紙を参考に

馬券の種類を理解したところで軸馬の選び方に進みましょう。

1レースあたり、最少5頭からフルゲートで12頭が出走する中でどの馬を軸に決めるか、最大の悩みどころです。金沢競馬では一般的に先行馬が有利と言われていますが、逃げ馬ばかりを選べばいいかというと、そう単純ではありません。1400m、1500m、1700mと距離が伸びるほどに差し馬の出番も多くなります。雨天時などコース状況やレースの展開によっては、追い込み馬が浮上するケースもあります。

レース前のパドックで馬の様子を見て決めるというファンもいますが、馬券を購入する時間が限られることから初心者向きではありません。最初のうちは、金沢競馬場やコンビニで売っている専門紙を参考にすればいいでしょう。「◎〇▲△×」というふうに、本命や対抗、穴馬などの予想を印で示してあり、調教師のコメントや調教タイムなども載っています。専門紙を見て「強そうだな」と思う馬を選ぶことから始めればいいと思います。慣れてきたら、パドックで目を鍛えてください。

北國新聞にも金沢競馬の予想は必ず載っていますので、チェックをお忘れなく。

「オッズ」に注目

「さあ実戦です」と言いたいところですが、ちょっと待ってください。もう一つ重要な要素があります。オッズです。

オッズとは、その馬券が的中した

場合、どのくらいの配当がつくのかを倍率で表したもので、単勝オッズ5倍の馬が勝ったら100円が500円となります。先ほどの3連単の高額配当を例にすれば266万1760円のオッズは2万6000倍ほどということになります。

　オッズが低い場合、的中しても払戻金は多くありません。金沢競馬の「女王」と呼ばれるハクサンアマゾネスの場合、今年6月の「第66回百万石賞」では単勝も複勝もオッズは1・1倍でした。

　こんなレースでは、軸馬を中心に複数の馬を選択するフォーメーション買い、軸馬以外にも気になる馬を含めて組み合わせるボックス買いを試しましょう。

　実際、今年の百万石賞では、1番人気のハクサンアマゾネスが1着、3番人気のガムランが2着となったのに続き、3着に10番人気のサンレイファイトが入り、3連複が1万7510円、3連単が3万2440円の「万馬券」が飛び出しました。ワイドでも2着と3着の組み合わせで1万4130円のハイリターンとなったのです。

好きな番号や色で

　さあ、金沢競馬場に足を運んでください。実際に見て、軸となる馬を決め、いろんな組み合わせで馬券を買ってみましょう。気になる騎手やラッキー番号、好きな色で選んでも構いません。自分の場合は「カツカモ」という名前の馬を必ず買っていたら、本当に勝って的中しました。競馬の楽しみ方は人それぞれなのです。

石川県金沢市八田町西1

【お車でのアクセス】

北陸自動車道金沢東I.C.出口から、車で約10分
金沢市内の中心部から、車で約15分
金沢西I.C.出口からは車で約25分

ファンバス(無料)でのアクセス

►競馬場行き(往路)

	[本場開催日]	[場外発売のみの日]
金沢市内	●JR金沢駅金沢港口(西口)→上諸江→競馬場 ●平和町→寺町1丁目→菊川1丁目→笠舞3丁目→小立野→兼六園下→香林坊→武蔵ヶ辻→橋場町→山の上→鳴和→森本駅前→競馬場	●JR金沢駅金沢港口(西口)→上諸江→競馬場
加賀方面	●粟津駅口→串→小松駅南→寺井史跡公園前→松任→野々市中央→額住宅前→金沢赤十字病院前→円光寺→有松→広小路→米丸学校前→古府南→競馬場	なし
能登方面	●七尾駅前→和倉駅前→和倉温泉→大津西口→代田→堀松南→高浜→羽咋駅前→高松→木津→本宇の気→競馬場	なし
富山方面	●高岡駅南口→立野→福岡→石動駅前→津幡駅前→競馬場	なし

※帰路は最終レース終了後逆経路を運行

●バス時刻・バス停は金沢競馬のホームページでご確認ください。

あとがき

金沢競馬は今年、金沢市入江から八田町に移転して五十周年を迎えました。これまでの五十年を振り返り、これからに向けて新たに踏み出すにあたり、記念誌の刊行を企画しました。

企画を進める中で、金沢競馬のファンの皆さんが気軽に競馬場に持って来てもらえるような、あるいは、手に取ってもらうことで新たなファンになってもらえるような、そんな一冊にしたいと考えました。

金沢競馬は、来場者で溢れかえる賑わいの時代の後、存続自体を議論するような大変厳しい時期が続きました。多くの先人の身を削る努力と、中央競馬との相互発売などの取り組みによって息を吹き返し、ようやく今日に至っています。

加えて、新型コロナウイルス感染症という予期せぬ事態に見舞われ、無観客での開催を経て、再び競馬場にお客様の活気が戻ってきました。インターネットでの投票が広く普及し、売上げの大半を占めるようにもなりました。

競馬の楽しさは、予想し、応援する馬が勝つことにあるのは言うまでもありません。そこに至るまでの、馬主、調教師、騎手、きゅう務員など、関係者が一丸となって、日々強い馬づくりに努力し、勝つための戦略を練り、全力でレースに臨む姿が迫力と感動を与えてくれます。「わくわく」こそが根源にあります。

その「わくわく」を直に感じてもらえる場所・金沢競馬へ、この一冊を携えて是非お越しください。お待ちしております。

令和五年九月吉日

金沢競馬場移転50周年記念誌制作スタッフ一同

公式HP

ユーチューブ

X

インスタグラム

フェイスブック

金沢競馬場移転50周年記念

金沢競馬わくわくブック

2023年（令和5）10月22日　第1版第1刷

発行　石川県競馬事業局
〒920-3105
石川県金沢市八田町西1番地 TEL.076-258-5761

企画　金沢競馬場移転50周年記念誌制作スタッフ

発売　北國新聞社
〒923-8588
石川県金沢市南町2番1号 TEL.076-260-3587（出版部）

ISBN978-4-8330-2295-8